Klaus Lothar Gemmerich:
Und auf dem rechten Winkel ...

Für Anita

und
meine Brüder der Freimaurerloge
„Selene zu den drey Thürmen"
im Orient Lüneburg

Der Autor

Meister vom Stuhl der Freimaurerloge
„Selene zu den drey Thürmen"
im Orient Lüneburg
2006 - 2011

Und auf dem rechten Winkel ...

Auf Zitaten aufbauende Gedichte
für Freimaurer
und Interessierte

Eine lyrische Chronologie
als Meister vom Stuhl
2006 -2011

Klaus Lothar Gemmerich

Herstellung und Verlag: BoD –Books on Demand, Norderstedt 2017

ISBN 978-3-7431-2802-6

Inhalt

2008

Jan.		Stiftungsfest	„Mensch ohne Geschichte"	44
Febr.	I	Arbeit	„Verurteilen und irren"	45
März	I	Arbeit	„zur Wohltat"	46
April	I	Aufnahme	„wirken wollen"	47
Mai	II	Beförderung	„Eintracht der Brüder"	(34)
Juni		Johannisfest	„Drum öffnet Eure Pforten"	48

Ferien ....neues Maurerjahr....................

Sept.		Festarbeit	„ materielle/ideelles Erbe"	50
	III	Erhebung	„Todesstunde"	52
Okt.	I	Aufnahme	„Edel sei der Mensch"	53
	II	Beförderung	„Weg der Gesellen"	54
		Schwesternfest	„Isis"	56
Nov.		Trauerloge	„Kreislauf des Lebens"	57
Dez.	III	Erhebung	„Überwindung Todeserlebnis"	58

2009

Jan.		Stiftungsfest	„Zeit, das Geschenk"	59
Febr.	I	Arbeit	„Arbeiten und Schaffen"	60
März	I	Arbeit	„Fehler bei dem Anderen"	61
April	II	Beförderung	„fremde Meinung schätzen"	62
Mai	I	Aufnahme	s. Okt. 2006 „unser Bund"	(19)
Juni	I	Arbeit	„hohe Ideale"	64
		Johannisfest	„ ...Steine aufs Baugerüst"	66

Ferien ....neues Maurerjahr.................

Sept.	I	Aufnahme	„einsamer Schicksalsweg"	68
Okt.	I	Aufnahme	„ Denken fällt in die Seele"	69
		Schwesternfest	„ Liebe, Herz des Ganzen"	70
	III	Erhebung	„ Menschen harrt der Tod"	71
Nov.		Trauerloge	„Death stands above me"	72
	I	Aufnahme	„der Geist ....das Höchste"	73
Dez.	III	Erhebung	„Mensch fühlt Tod"	74

<u>Gedichte, Texte, Lieder ohne Zuordnung</u>

Prolog und Danksagung

Was bewog dich ....?
So beginnt eine jedem Freimaurer geläufige Frage, die ich
gleich zweimal an den Anfang dieses Buches stellen möchte.
Was bewog dich als Meister vom Stuhl jeweils zu Beginn und
am Ende (Freimaurer sprechen von Öffnung und Schließung)
einer rituellen Arbeit ein Zitat und darauf aufbauend ein eigenes
Gedicht einzubringen und
was bewog dich, all diese nun in einem Buch zu veröffentlichen
und damit nicht nur „Brüder Freimaurern", sondern auch
„Nichtfreimaurern" (profanen Lesern)* zugänglich zu machen?

Es ist bekannt, dass Freimaurer in einer Loge „Arbeiten" nach
alt überlieferten Ritualen durchführen. Sie bieten mit ihren
symbolorientierten Inhalten in gemessenen Worten, mit Gesten,
Musik und Schönheit der Formen, aber auch geistvollem
Anspruch einen Raum, in dem der nach eigener Vervoll-
kommnung strebende Mensch Impulse und Kraft zur
persönlichen Weiterentwicklung aufnehmen kann. Man könnte
auch sagen, es ist eine „Übungs-Lehrabhandlung", die durch
ihren Verlauf einen emotionalen Bereich anspricht, der kognitiv
durch Worte und Symbole alleine nicht zu erreichen ist.**
Dafür die Voraussetzung, d.h. eine entsprechende
Stimmungslage und Betroffenheit zu schaffen, ist mit die
vornehmste Aufgabe des Meisters vom Stuhl, der die rituelle
Arbeit leitet.
Und dies bewog mich, unsere Arbeiten nicht nur mit Zitaten
oder Gedichten fremder Autoren zu beginnen und zu enden,
sondern den Brüdern eigene, darauf bezogene Gedanken -
weniger eine fundierte Interpretation - in bescheidenen
Gedichten oder Liedtexten als Impuls für die Arbeit selbst und
vielleicht den Alltag zu geben?

*   *Freimaurer sprechen ohne Abwertung von Profanen, lat. „Uneingeweihte"*
**   *Erläuterungen zur rituellen Arbeit der Freimaurer siehe Seite 125*

Dies alles nun in einem Buch zusammen zu fassen und zu
veröffentlichen beruht auf vielerlei Gründen.
Nach den Arbeiten haben mich immer wieder Brüder um den
Text des gehörten Gedichtes gebeten, doch dann habe ich sie auf
„später" vertröstet, denn ich wollte irgendwann - in einem
gewissen Abstand zur „Meisterzeit" - alles in einer zeitlichen
Abfolge als „lyrische Chronologie" zusammenfassen. So
finden sich auch einzelne Brüder, die in dieser Zeit auf- oder
angenommen worden sind, mit ihren Vornamen bei der
entsprechenden Arbeit wieder. Vielleicht ist dies auch für sie
eine besondere Erinnerung. Für alle Brüder der Selene jedoch
mag es eine Rückschau unserer gemeinsamen, gedeihlichen
Zusammenarbeit sein, wofür ich mich von ganzem Herzen
bedanke. Deshalb ist dieses Buch auch meinen Brüdern der
„Selene" gewidmet. Und vielleicht kann darüber hinaus diese
Sammlung dem einen oder anderen Bruder in der Bruderkette,
besonders aber jungen, hammerführenden Meistern, Anregung
und Ergänzung für ihrer eigene Arbeit sein.

Der entscheidende Anstoß war schließlich der Fund eines
kleinen veröffentlichten Almanachs* der „ Loge zu den drey
Schwerdtern und wahren Freunden " i. O. von Dresden, in dem
1815 nahezu das verwirklicht wurde, was ich beabsichtigte.

Schließlich hoffe ich über die emotionale Sprache der Poesie -
anders als durch sachlichen Abhandlungen - dem interessierten,
profanen Leser ein Bild freimaurerischer Arbeit zu vermitteln
und somit zu einem Verständnis für den edlen Geist und das
wohltätige Tun der Freimaurer beizutragen, ohne dabei die
Pflicht des Maurers zur Verschwiegenheit überlieferter Bräuche
zu verletzen.
Ob es mir gelungen ist, mag der geneigte Leser, vor allem jeder
Bruder der „Selene" für sich entscheiden.
Ich habe mich bemüht und sage ...

* kleine Auszüge auf Seite 20

... Dank all jenen, die mich dabei unterstützt haben. Den Brüdern André H. und Gerd-Werner J. gilt der Dank für die praktische wie auch motivierende Unterstützung.

Vor allem danke ich meiner lieben Frau Anita für ihre kritische Begleitung bei der Entstehung dieser Sammlung, wie für manchen guten Rat und ihr Verständnis hinsichtlich der Maurerei und Aufgaben als Meister vom Stuhl.

Ich danke besonders den Brüdern des Beamtenrates*, die mir über manche Klippen hinweg geholfen und stets meine persönliche Arbeit und unsere gemeinsames Tun kritisch aufbauend begleitet haben.

In diesem Zusammenhang gilt aber auch Dank all den Brüdern, die mit Tatkraft und Engagement dazu beigetragen haben, die Umbau- und Renovierungsarbeiten unseres Logenhaus, wie auch unsere Jubiläumsveranstaltungen während meiner Amtszeit zum Erfolg zu führen. Hier schließe ich ausdrücklich die eine oder andere Schwester** mit ein und sage stellvertretend für sie alle: Danke Annely!

Klaus Lothar Gemmerich

*   etwa vergleichbar mit dem Vorstand eines Vereins

**Freimaurer nennen seit alters her die Ehe- oder Lebenspartnerin
     untereinander „Schwester“.

<u>erste Arbeit I - Mai 2006</u>
(nach überraschender Übernahme des Amtes als
Meister vom Stuhl im laufenden Maurerjahr)

Öffnung:

Und jedem Anfang wohnt ein Zauber inne,
Der uns beschützt und der uns hilft zu leben.

Wir sollen heiter Raum um Raum durchschreiten,
An keinem wie an einer Heimat hängen,
Der Weltgeist will nicht fesseln uns und engen,
Er will uns Stuf' um Stufe heben, weiten.

Kaum sind wir heimisch einem Lebenskreise
Und traulich eingewohnt, so droht Erschlaffen.
Nur wer bereit zu Aufbruch ist und Reise,
Mag lähmender Gewöhnung sich entraffen.

Aus „Stufen" von Hermann Hesse
Das vollständige Gedicht: siehe Seite: 114

© K.L. Ge. 2006

Schließung:

Und jedem Anfang wohnt ein Zauber inne,
Der uns beschützt und der uns hilft zu leben.
Hermann Hesse

So wollen wir den Anfang wagen,

und brüderlich zusammenstehen
und Manches mit Geduld ertragen,
gemeinsam in die Zukunft gehen.

Wir wollen tolerieren und nicht streiten.
Wir wollen achten und nicht verletzen.
So lasst uns Raum um Raum durchschreiten,
und allem Hochmut widersetzen.
Brüderliche Harmonie sei unser erst´ Gebot,
dann hat´s um unsere „Selene" * keine Not.

Doppelsiegel der Loge „Selene" ehem. „Goldene Traube"

* Kurzform für die Freimaurerloge
„Selene zu den drey Türmen" i. O. Lüneburg
Könnte auch durch „Loge" ersetzt werden

Öffnung:

Das Göttliche

Edel sei der Mensch, hilfreich und gut !
Denn das allein unterscheidet ihn
Von allen Wesen, die wir kennen.

Heil den unbekannten, höheren Wesen, die wir ahnen!
Ihnen gleiche der Mensch!
Sein Beispiel lehr uns Jene glauben.

Und wir verehren die Unsterblichen, als wären
sie Menschen,
Täten im großen, was der Beste im kleinen tut oder
möchte.

Nur allein der Mensch vermag das Unmögliche:
Er unterscheidet, wählet, richtet,
er kann dem Augenblick Dauer verleihen.
Den Guten lohnen, den Bösen strafen,
Heilen und retten,
alles Irrende, Schweifende
nützlich verbinden.

Nach ewigen, ehernen, großen Gesetzen Müssen wir
alle unseres Daseins Kreise vollenden.
Der edle Mensch sei hilfreich und gut!
Unermüdet schaff er das Nützliche, Rechte,
Sei uns ein Vorbild jener geahnten Wesen.

J.W .v. Goethe

Schließung:

Der edle Mensch sei hilfreich und gut!
Unermüdet schaff er das Nützliche, Rechte,
Sei uns ein Vorbild jener geahnten Wesen.

Ist ´s das, wenn unser Schutzpatron uns mahnt:
„Kehrt um und ändert Euren Sinn"?
Ist ´s das, was jeder Maurer ahnt,
in seinem Herzen tief da drin?

Lasst nicht nur zum Johannisfest
dies Göttliche erkennen,
entfacht in Euch der Liebe Glut,
lasst sie als Menschenliebe brennen,
seid wahrhafte Maurer,
edel, hilfreich und gut.

älteste, vorhandene Logenabzeichen

der Loge „Selen zu den drey Thürmen"

<u>Arbeit I - September 2006</u>
Aufnahme Br. Günther

Öffnung:

Immer strebe zum Ganzen.
Und kannst du selbst kein Ganzes werden,
als dienendes Glied schließe dem Ganzen dich an.

Votivspruch: Friedrich Schiller (1796)

Schließung:

Immer strebe zum Ganzen.
Und kannst du selbst kein Ganzes werden,
als dienendes Glied schließe dem Ganzen dich an.

Friedrich Schiller

Als bindendes Glied in das Ganze füge dich ein.
Als tragendes Glied im Ganzen sei du ein Stein,
von Natur unvollkommen, spitzkantig und rau,
mit dem Hammer geformt für den großen Bau,
gelegt in der Waage, gerichtet am Lot,
im Winkel gesetzt nach geometrisch Gebot.

So baust du als Maurer, der die Symbolik versteht,
mit Würde am „Tempel der Humanität".*

** Freimaurer bauen symbolisch den „Tempel der Humanität"*

<u>Arbeit I Oktober 2006</u>
(Meisterverpflichtung nach außerplanmäßiger Wahl)
auch zur Aufnahme Br. Clement<u> Mai 2009</u>

Öffnung:

Wer lebt in unserm Kreise und lebt nicht selig drin,
genießt die freie Weise und treuen Brudersinn?
So bleibt durch alle Zeiten Herz Herzen zugekehrt;
von keinen Kleinigkeiten wird unser Bund gestört.
Johann Wolfgang v. Goethe

Schließung:

So prüfe jeder selbst - nur sich - wenn dieses Wort
er hört:
Hab´ ich mit spitzem Hammer mich selber schon
befreit
von all den Kleinigkeiten der Unvollkommenheit?
Hab´ ich die Winkelwaage führend auf gleicher
Eb´ne mich bewegt
und all die Kleinigkeiten des Hochmuts abgelegt?
Hab´ ich das Senkblei haltend mein Handeln
ausgericht´,
dass über Kleinigkeiten nicht Bruderschaft
zerbricht?
Hab´ich auf rechtem Winkel stets meinen Weg
geführt,
von vielen Kleinigkeiten des Alltags ungerührt ?
Hab´ ich die eigene Würde des Bruders stets
beachtet,
trotz mancher Kleinigkeiten nach Harmonie
getrachtet?
Wenn alle wir uns stets bemühen um Harmonie,
dem höchsten Wert,
von keinen Kleinigkeiten wird unser Bund gestört.

Maurerischer
Sylvester-Almanach
oder

Auswahl aus den Arbeitsfrüchten

der

g. u. v. □. zu den drei Schwerdtern und
wahren Freunden im Orient

von Dresden.

Der S. E. Br. K—r, in den Jahren 1813 und 1814 Meister vom Stuhl unserer g. u. v. □., äußerte bald nach Antritt seines □ Amtes den Wunsch, daß es zu Bereitung maurerischer Genüsse geistiger Art den Bbrn. gefallen möchte, belehrende und unterhaltende Aufsätze, Dichtungen und musikalische Kompositionen während der Arbeitspausen vorzutragen, um wechselseitig die Stoffe der Unterhaltung und Belehrung zu vermehren.

1.

An den Urquell der Dinge.

Bei Eröffnung der □.

Ewig, ewig,
Ehe sich Welten fügten,
Warst Du,
   Schaffender Geist im All!

Du hauchtest: der Welten
Aussaat erblühte.
   Du donnerst: sie rollen
   Alle in Staub!

Unendlich Erhabener!
Wohin, mein Gedanke?
   Ihn erforschen?
   Ich niederer Staub!

19.

Ermuthigung;

am Schlusse der Trauer □.

Kehret, Brüder, nun den Blick vom Grabe,
Daß die Brust sich neu mit Hoffnung labe;
Nur die morsche Hülle ist versenkt.
Dort umfängt sie, die von uns geschieden,
Dort im Osten, hoher Gottesfrieden,
Wo den Geist die reine Weisheit tränkt.

Welten glänzen über'm Grabeshügel
Heimathlich, die keiner Ahnung Flügel,
Die kein irdischer Gedank' erschwingt.
Die Vernunft verkündigt ew'ge Dauer
Und verbannet jedes Zweifels Schauer,
Der zu leicht bestoch'nen Sinnen dringt.

Sollten wir, verweht vom Sturm, verblühen,
Warum ward die hohe uns verliehen,
Die uns über diese Welt erhebt?
Und wozu der Tugend reiner Schimmer,
Woferten einst diese Kräft' in Trümmer,
Und der rege Geist, der aufwärts strebt?

*oben: Titel und Einführungstext des im Vorwort genannten Almanachs von 1815
unten: Beispiele Öffnung einer Arbeit und Schließung einer Loge = □*

Unser Leben heißt Liebe,
und nicht mehr lieben heißt nicht mehr leben.

George Sand (11804 – 1876)

Unser Leben - heißt Liebe ...

Liebe, heißt gemeinsame Wege zu gehen.
Liebe, heißt füreinander einzustehen.

Liebe, heißt des Anderen Last mit zu tragen.
Liebe, heißt nicht nach dem Danke zu fragen.

Liebe, heißt den Anderen zu achten.
Liebe, heißt nach Harmonie zu trachten.

Liebe, heißt den Andern verstehen.
Liebe, heißt seine Würde als Mensch zu sehen.

Liebe, heißt Großmut, heißt Demut zur rechten Zeit.
Liebe, heißt vor allem Barmherzigkeit.

Liebe, heißt Böses mit Gutem überwinden.
Liebe, heißt für den Anderen empfinden.

Liebe, heißt mit dem Herzen zu denken.
Liebe, heißt sich selbst zu schenken.

Liebe, heißt - einander vergeben,
...und nicht mehr lieben – heißt nicht mehr leben.

Öffnung:

Es tritt die Erdenwege
Nur einmal unser Fuß,
und kurze Zeit nur tauschen
wir Händedruck und Gruß.
Drum lasset uns in Liebe
einander recht verstehen,
die kurze Strecke Weges
die wir zusammen gehen.
Paul Gerhardt

Grabstein (Südfriedhof Wiesbaden)

Schließung:

Die „Göttlich´ DREI"

Glaube - Liebe - Hoffnung,
sie mögen dich begleiten,
an jedem Tag, zu jeder Stunde,
sind es doch hohe Ideale
in unserem Maurer-Bruderbunde.

Doch nicht allein in diesem Raum,
weit dem Profanum fern,
sollst du nach solchem Edlen sinnen;
erheb´ es dir zum „Lebenskern"
im deinem Herzen, tief da drinnen.

Lass´ niemals diese „Göttlich´ DREI"
aus deinem Herzen schwinden,
dann wird dich keine Macht der Welt
an ´s Irdische hier binden.
Dann glaubst du an das neue Leben,
an neues Sein im „Ewig-Raum".
Dann wird die Liebe für den Nächsten,
im „Hier" kein unerfüllter Traum.

Dann wird die Hoffnung hier auf Erden,
der Weg, der aus dem Dunkel führt.
Dann bleibst du in der Todesstunde
von Angst und Schrecken unberührt,
und legst dein Werkzeug, hier verwandt,
im Seelenfrieden aus der Hand .

Arbeit I Dezember 2006

Öffnung:

Mit Unvollkommenheit zu ringen,
ist das Los des Menschen,
ist sein Wert
und nicht ein Mangel bloß.
Was unvollkommen ist, das soll vollkommen werden,
denn nur zum WERDEN,
nicht zum SEIN
sind wir auf Erden.
Friedrich Rückert (1788 – 1866)

älteres Bijou der „ Selene"
Strahlenkranz aus Bronze
Embleme aus Porzellan

Vorderseite

Schließung:

Nicht zum SEIN sind wir auf Erden.
Vernunft und Geist verlangen WERDEN.

Einfach nur SEIN, als Auftrag der Natur,
dies ist Bestimmung ein jeder Kreatur.

Doch für den Menschen heißt das WERDEN
Entwickeln eines sittlich´ Lebens.
Das ist sein Auftrag hier auf Erden
und sei der Antrieb allen Strebens.

Für uns als Maurer heißt dies WERDEN
nur mich, nur meinen Stein recht zu behauen,
denn so nur kann er kubisch werden
und lässt am Tempel sich verbauen.

Drum Bruder frage dich und hör´ in dich hinein:
Lebe ich *im* WERDEN - oder nur *im SEIN*?

Rückseite mit ausgeprägter Mondsichel

Stiftungsfest Januar 2007   und Januar 2011

(*überarbeitet in jetzige Form*)

Öffnung:

> *Was du ererbt von deinen Vätern hast,*
> *erwirb es, um es zu besitzen!*
>
> J. W .v. Goethe (Faust)

Der heut´ge Tag erlaubt zu fragen,
was ist uns hiermit aufgetragen?

Hat dieses Wort des Bruders für uns
auch heute noch Bestand?

Warum erwerben, was uns doch gegeben,
aus brüderlicher Hand?

Von Brüdern, die, Generationen uns voraus,
an diesem Tempel bauten
und damit für die Zukunft uns,
ein großes Erbe anvertrauten?

Einfach war für uns das Erben
Doch **womit** sollen wir ´s erwerben?

Schließung:

... erwirb es, um es zu besitzen

Ererbt ...

... ist Name, Haus und sonst dergleichen,
ist Wissen um das rituelle Wort,
ist Kenntnis von den alten Zeichen,
vom Werkzeug und geweihtem Ort.

Doch was wir brüderlich bekamen,
Gleicht dem Gefäß, das hohl und leer,
ist zwar ein edler, würd´ger Rahmen,
bedarf des Inhalts um so mehr.

Für diesen Inhalt, als Erben haben wir die Pflicht,
durch winkelrechte Lebensführung
und auch persönlichen Verzicht.
Durch Toleranz und Harmonie,
durch Arbeit an dem „Rauhen Stein",
durch Bruderliebe, Schulterschluss,
damit kein Bruder steht allein.

Wenn wir uns alle stets bemühen,
Tag aus Tag ein nicht stille sitzen,
dann werden wir, *was wir ererbt*,
erwerben, *um es zu besitzen*.

Annahme Br. Peter

Öffnung:

Türspruch über der Eingangstür im Logenhaus der " Selene "

Wem gelten diese edlen Worte,
die Maurergeist einmal erdacht?
Dem fremden Bruder an der Pforte
sind sie von Herzen zugedacht.

Wenn alles neu und fremd ihm scheint,
als Heimstatt bieten wir uns an,
hier soll er sich geborgen fühlen,
als Maurer und als freier Mann.

So auch der Bruder, der nun klopft
und heute hier nach Arbeit fragt.
Soll finden, was er sich erhofft,
und Heimat wird ihm zugesagt!

Schließung:

Heimat heißt ihm Wärme geben,
echte Freundschaft zu erleben.
Heimat heißt ihn akzeptieren,
sein Anderssein auch tolerieren.

Heimat heißt die Würde achten
und nur nach seinem Besten trachten.
Heimat heißt ihm stets vertrauen
und Vorurteile abzubauen.
Heimat heißt auf gleicher Eb´ne stehen,
mit Bruderliebe ihn zu sehen.

Es heißt auch Schranken überwinden,
gemeinsam Harmonie zu finden;
den Anderen nicht zu verletzen,
sich eignem Hochmut widersetzen.
Vor allem müssen wir ihm zeigen,
ein hohes Gut ist unser Schweigen.
Und so behaue ein jeder seinen Stein,
dann werden wir ihm *Heimat* sein.

Öffnung:

Der eine fragt:
Was kommt danach?
Der andere fragt nur:

Ist 's recht?

Und also unterscheidet sich
der Freie von dem Knecht.

Theodor Storm

Kann dieses Dichterwort in seinem tiefsten Sinne,
nicht auch für uns als Maurer stehen?
Bedenkt das Wort - und haltet inne,
wollt Ihr als freie Männer euch verstehen.

Schließung:

Der Mensch als ein vernunftbegabtes Wesen,
ein Leben lang dazu bestimmt,
Entscheidungen allein´ zu treffen,
Verantwortung ihm keiner nimmt.

Wer dann nur fragt: *Ist ´s recht?*
Der handelt nach Beliebigkeit,
egal ob ´s gut ist oder schlecht,
er sucht allein´ Bequemlichkeit,
scheut sich, Verantwortung zu tragen
und frei ein offen´ Wort zu sagen.

Doch der, der nach den Folgen fragt,
sie abwägt und danach entscheidet,
der handelt frei und unverzagt
von eig´ner Sicherheit geleitet;
scheut nicht, Verantwortung zu tragen,
ist freier Mann in allen Lagen.

Ist das nicht unser aller Ziel,
wonach wir Maurer uns bemühen?
Wir haben Werkzeuge gar viel,
doch darf das Feuer nicht verglühen,
den „Rauhen Stein" fest zu behauen,
woll´n wir den Tempel würdig bauen.

Drei große Lichter uns ermahnen,
sie sind der Freiheit „Ethik-Rahmen" ,
und zeigen uns, nach Goethes Wort zu leben:
*„Und das Gesetz nur, kann uns Freiheit geben."** *

* *J.W.v .Goethe: Sonett „Natur und Kunst"*

32

Öffnung:

> *Die Bewältigung der irdischen Aufgaben liegt*
> *allein in der Hand des Menschen*
> *und in seiner irdischen Verantwortung.*
> Br. Klaus Jürgen Grün, Humanität 1/2007
„Freimaurerei und die religiösen Gefühle des Menschen"

In irdischer Verantwortung stehen wir,
besonders wir Maurer, im Jetzt, im Hier.

In irdischer Verantwortung wollen wir handeln,
so lange wir auf Erden wandeln.

Irdische Werkzeuge haben wir viel´,
sind Hilfe auf dem Weg zum Ziel.
Als Mahnung in unsere Hände gegeben,
zur Nutzung auch im täglichen Leben.

Schließung:

In irdischer Verantwortung stehen wir.
Was sagt dieses Wort als Maurer mir?
Komplex betrachtet ist ´s ein Problem,
irdische Verantwortung: Wofür? Vor wem?

Verantwortung vor meinem ICH,
dem kritisch quälenden Gewissen,
es mahnt uns stets: Erkenne dich,
lass´ Ehrlichkeit hier nicht vermissen.

Verantwortung vor unsr´em Bund
und das, was er uns auferlegt,
die Ziele sind der wahre Grund,
den jeder hier im Herzen hegt.

Verantwortung vor einer höheren Instanz,
dem Großen Baumeister, wie wir ihn nennen.
Vor ihm liegt uns´re irdische Bilanz,
wir müssen uns dazu bekennen.

Verantwortung nicht nur für Menschen,
nein, auch für die kleinste Kreatur;
für alle, die auf Erden leben,
Verantwortung für die Natur.

Drum lasst uns die Schöpfung respektvoll sehen,
uns einfügen in das vielfach, kosmische Geschehen.
Und die Gabe unseres Geistes kreativ nutzen,
verantwortungsvoll handeln, dem Bösen trutzen,
als freier Mann leben und nicht als Knecht,
so werden wir unserer Verantwortung gerecht.

<u>Arbeit II   Mai 2007</u>   und   <u>Mai 2008</u>
Beförderung der Brr   der Brr.
Rainer T. und Tobias D.   Günther S. und Florian J.

Öffnung:

Ein Lied Davids im höhern Chor.

Siehe, wie fein und lieblich ist ´s,
daß Brüder einträchtig bei einander wohnen.

Aus dem Buch des Heiligen
Gesetzes/Bibel:
„Segen brüderlicher Eintracht"
Psalm 133 (1)

Schließung:

*Siehe, wie fein und lieblich ist ´s,
daß Brüder einträchtig bei einander wohnen. .....*

.....und in gegenseitigem Vertrauen
gemeinsam an dem Tempel bauen.

Die stete Arbeit gilt dem „Rauhen Stein ",
denn er soll behauen, kubisch sein.

Hier gilt ´s das richt´ge Maß zu finden,
ihn fest ins Mauerwerk zu binden,
als Teil des Ganzen einzufügen,
er soll in Lot und Waage liegen.

Dies ist die Arbeit der Gesellen,
als Werkzeug haben sie die Kellen,
wo immer auch sich Risse zeigen,
soll´n sie das Baugerüst besteigen
und fugen oder auch mal glätten,
den Bau vor Schaden – gilt ´s zu retten.

Drum ihr Gesellen geht in die Welt,
schult eure Augen, Ohr und Sinn,
und lernt was unseren Bau erhält,
so wird Gesellenzeit Gewinn.

Tragt den Gewinn in diese Bruderschaft
und setzt Eure Kellen richtig ein,
mit Augenmaß und Willenskraft,
sollt ihr fleißige Brüder sein;
und Eure Arbeit wird sich lohnen ...
....wenn Brüder einträchtig beieinander wohnen.

Öffnung:

*„ Es nicht unsere Aufgabe einander näher zu kommen,
so wenig wie Sonne und Mond zueinander kommen
oder Meer und Land.*

*Unser Ziel ist, einander zu erkennen und einer im
anderen das zu sehen und ehren zu lernen, was er ist:
Des anderen Gegenstück und Ergänzung. "*

Herrmann Hesse,
aus Narziß und Goldmund,
(angeregt durch Br Alfred Lehner
in " Esoterik der Freimaurerei")

Klischee des Bijous um 1809

Avers   *Revers*

„ ...Gegenstück und Ergänzung"

Schließung:

Das Gegenstück zum Anderen sein,
ist es nicht das, wonach wir streben?
Des Anderen Ergänzung sein,
Teil königlicher Kunst im Leben?

Polarität, Verschiedenheit,
ist Quelle allen Seins auf dieser Welt,
Dualität und Wechselspiel
die Weltenschöpfung lebend hält.

So auch der Mensch, das hochbegabte, irdisch Wesen,
ist fleischlich nur dem Anderen gleich,
als geistbestimmtes Einzelwesen
ist er ihm Gegenpol zugleich,

Doch führen negative Kräfte,
wie Egoismus, Hass und Neid,
im Zuge täglicher Geschäfte
zu Missgunst, Kränkungen und Streit.

Dies ändern ist das Ziel der Maurerei,
um Trennendes zu überwinden,
nicht Egalisieren, nicht Gleichmacherei,
doch Gegensätzliches in Harmonie verbinden.

Drum Erkenne dich selbst
und dann den Bruder in seinem ICH,
forme nicht IHN - sondern forme DICH.
Sei zur Einordnung in das Ganze bereit,
zum Wohl´ der Schöpfung und Menschlichkeit.

So wirst auch du – dein „Rauher Stein“
des andern *Gegenstück und Ergänzung* sein.

<u>Johannisfest Juni 2007</u>

Öffnung:

Vortrag des Gedichtes:

Johannisrosen *von Br. Alfried Lehner**

Hier wird am Schluss die Frage gestellt, wer die
Johannisrosen so weise zusammengestellt hat.

PC-Aquarell   © K.L.Ge 2007

** Alfried Lehnert, " Esoterik der Freimauer" Seite 102*
ISBN 3-87354-188-2

38

Schließung:

Lieber Brüder, wer stellt die
Johannisrosen so weise zusammen?

Der freie Maurer tut es, seit frühen Jahren,
erkennend Symbolkraft von Blüte und Farben.

Wir wandeln auf Erden zwischen Weiß und Rot,
mit Geist und Körper zwischen Leben und Tod.
Weiß und Rot zur Vervollkommnung vereint,
das ist, was die Sanfterglühende meint.

Wir handeln im Leben mit Weiß und Rot,
mit Weisheit und Stärke, so unser Gebot.
Es mahnt uns das Rosa, danach zu streben:
Durch Schönheit den Bau zur Vollendung erheben!

So drücken drei Rosen gebunden zum Strauß,
für Maurer symbolisch das Lebensziel aus.

Weiß, Rot, Rosa - im blauen Band,
nach Johannis dem Täufer sind sie benannt.

<u>Arbeit I September 2007</u>
Annahme Br. Winfried

Öffnung:

> *Es gibt nichts Gutes/*
> *außer, man tut es.*
>
> *Erich Kästner*

Schließung:

> *Es gibt nichts Gutes/ außer, man tut es.*

Dieses Zitat, acht Worte nur,
sagt uns so viel für unser Leben;
geformt in uns´rer Sprachkultur,
sagt einfach dir: Du musst was geben.
Sagt einfach nur: Das Böse meiden;
lass dich von Menschenliebe leiten,
zeig dich für Hass und Neid immun,
Du sollst das Gute leben und auch tun.

Dieses Zitat, acht Worte nur,
drückt aus, was unsere Maurerpflicht.
Doch halten wir ´s, rund um die Uhr?
Hat es zu jeder Zeit Gewicht?
Gar einfach ist ´s, vom Guten stets zu reden
und andere danach zu messen,
das Selber-Tun und Beispiel geben,
wird, weil es schwer, ganz schlicht vergessen.

So möge jeder selbst sich Antwort geben:
Wie steht ´s mit "Gutem Tun" in meinem Leben?

Die Liebe ist der Liebe Preis!
Friedrich von Schiller, in Don Carlos,

Die Liebe ist der Liebe Preis !

Es gibt kein´ anderen Gegenwert
und mag er noch so mächtig sein.
Gar Mancher wird zu spät belehrt
und bleibt ein Leben lang allein.

Du kannst die Liebe weder kaufen,
noch erzwingen,
du musst sie leben und behutsam pflegen,
ja manchmal auch mit etwas Mut.
Nur mit dem Herzen kannst du sie erringen,
die Liebe, unser höchstes Gut.

<u>Arbeit I Oktober 2007</u> Annahme   Br. Fritz
und Aufnahme Br.Volker

Öffnung:

Wir sind alle Kinder der einen Menschheit
Wir tragen alle die gleiche Sehnsucht nach Glück
und Liebe in uns...
Wir alle wissen, wie wichtig ein gutes Herz ist,
ein Herz voller Güte, Erbarmen und Liebe,
aus dem Hoffnung und innerer Friede strömen.

Dalai Lama:" Das Wichtigste: ein gutes Herz"
Aus „Mitgefühl und Weisheit" Seite 85
ISBN 3 257 06397 0

Schließung:

„....ein Herz voller Güte, Erbarmen und Liebe,

Dient dem nicht uns´re Arbeit ganz allein
und meint damit ein gütig Herz?
Es ruht in uns, im „Rauhen Stein",
so wie der Edelstein im Erz.

Ist ´s Missgunst, Stolz, ist ´s Eitelkeit?
Ist ´s Angst und fehlendes Vertrauen?
Sind wir zur Güte nicht bereit,
wenn wir den eigenen Stein behauen?

Im Inneren sucht den Edelstein,
wenn Ihr das Äußere behaut.
Schaut tief in Euch, ins Herz hinein,
wenn Ihr an uns´rem Tempel baut
und folgt den schönsten aller Triebe:
„... Güte, Erbarmen und Menschenliebe".

Öffnung:

Liebe Brüder !

Der Tod ist, wie Ihr wisst,
den Härten der Natur zuzuschreiben,
die unabänderlich in ihrem Rhythmus
unser irdisches Dasein regeln.
Umberto Eco in „ der Name der Rose"

Schließung:

Der Tod ist, ...
.....   unser irdisches Dasein regeln

Rhythmus der Natur –
unabänderlich!
Urstoff zum Leben –
unabänderlich!
Leben zum Tod –
unabänderlich
Tod zum Urstoff -
unabänderlich !
Auch du bist endlich -
unabänderlich !

Geist und Seele ewiglich -
unabänderlich !

<u>Stiftungsfest Januar 2008</u>

Öffnung:

Ein Mensch ohne Geschichte ist ein Mensch ohne
Gedächtnis; weder kennt er seine Herkunft,
noch vermag er seine Zukunft zu antizipieren.

Arthur Schopenhauer

Schließung:

Wer seine Herkunft nicht kennt oder diese gar nur
schlecht,
der wird in allem seinem Tun in Jetzt und Zukunft
nicht gerecht.
Wer als Maurer sich selber nicht erkennt, unkritisch
Vergangenes verdrängt,
mag Werkzeuge nutzen wie er will, es bleibt sein
Handeln eingeschränkt.
Wer Maurerei in seinen Wurzeln nicht erspürt, die
mehr sind als nur Ritual,
der bleibt auf halbem Wege steh´n, der nutzt sein
Werkzeug schlicht - banal.
Wen Logenhistorie nicht interessiert, einfach zur
Tagesordnung übergeht,
hat kein Gefühl für das Ererbte, fragt nicht danach,
wie ´s weitergeht.
Drum Achtung, Dank den Brüdern zollt, die vor uns
hier am Bau gebaut,
für das was sie in Maurergeist geschaffen und uns als
Erbe anvertraut.
Dem wollen wir uns würdig zeigen, das Anvertraute
sorgsam pflegen,
bis wir zu unsrer letzten Stunde das Werkzeug aus
den Händen legen.

Öffnung:

Wenn ich meinen Nächsten verurteile,
kann ich mich irren,
wenn ich ihm verzeihe, nie.

Karl Heinrich Waggerl 1897 – 1973

Schließung:

Wie schnell sind wir doch bei der Hand,
wenn ´s gilt ein Misstand zu beklagen.
Wie schnell das Wort wird aufgewandt
und Schuld dem Anderen übertragen.

Wie schnell von uns das Urteil fällt,
und fordert listig auch Sanktionen,
für Nachsicht ist der Blick verstellt,
weil <u>eigenen</u> Maßstab wir betonen.

Drum prüft Euch Brüder jeden Tag
und merkt bei aller „Gedanken-Wirren“,
auch wenn es richtig scheinen mag,
wenn ihr *verurteilt, könnt ihr irren!*

<u>Arbeit I   März 2008</u>

Eröffnung:
Keiner, der einem Anderen hilft,
nützt nicht zugleich sich selbst
und der ist im Irrtum,
der lieber eine Wohltat empfängt als erweist.
Seneca, römischer Philosoph   c. 1 bis 65 n.Chr.

Schließung:

Wohltat: Menschenpflicht - auch Menschenrecht.
Wohltat: Spenden und empfangen.
Wohltat: Jedem ! Ob gut, ob schlecht.
Wohltat: Erweisen - ohne Verlangen.

Ach gar zu schnell sind wir dabei,
dass wir in ihr nur Mammon sehen,
doch Wohltat ist gar Vielerlei,
wie Maurergeist sucht zu verstehen:

Dem Schwachen eig´nes Wort verleihen,
sich schützend mutig vor ihn stellen,
sein Fehlverhalten ihm verzeihen
und düst´re Stimmung ihm erhellen.

Verständnis für den Bruder zeigen,
wenn hilfreich, auch ein guter Rat,
doch manchmal ist sogar das Schweigen,
weit besser als die große Tat.

Wohltat gewähren, wenn man Not erkennt,
Wohltat aus Liebe, so der Maurer es nennt.
Wohltat üben, macht er sich zur Pflicht!
Wohltat erweisen, über die er nicht spricht,
Liebe Brüder! - Vergesst das nicht!

46

Öffnung:

Auf das eine allein kommt es an:
Dass jeder das, was er besitzt,
als etwas bewertet,
mit dem er wirken will.

Albert Schweitzer

Schließung:

Nach Albert Schweitzer:

Auf das eine allein kommt es an:
Bewerten was er besitzt ...
... mit dem er wirken will.

Sich selbst erkennen, wer er ist
und werten als ein freier Mann,
wo er mit dem, was er besitzt,
zum Wohle **aller** wirken kann.

Ist das nicht auch den Stein behauen,
damit ergänzend er dann passt,
wenn wir an unserm Tempel bauen,
von dem er trägt ein Bruchteil Last ?

So behaue ein jeder den eigenen Stein
und bewerte die eigenen Gaben still,
füge den Stein dort dienend ein,
wo er zum Wohle *wirken will.*

<u>Johannisfest   Juni 2008</u>

Öffnung:

> *Einmal nur in unserem Leben,*
> *Was auch sonst begegnen mag,*
> *Ist das höchste Glück gegeben,*
> *Einmal feiert solchen Tag!*
>
> *Einen Tag, der froh erglänzend,*
> *Bunten Schmucks der Nacht entsteigt,*
> *Sich gesellig nun begrenzend,*
> *Segenvoll zum Berge neigt.*
>
> *Darum öffnet Eure Pforten,*
> *Lasst Vertrauteste herein,*
> *Heute soll an allen Orten*
> *Liebe nah der Liebe sein.*
>
> J. Wolfgang von Goethe

Schließung:

> *Darum öffnet Eure Pforten,...!*
> die der Herzen sind gemeint
>
> Die Gedanken, *die Vertrautesten,*
> sie sind es, was uns stets vereint.
>
> *Heute soll an allen Orten,*
> wo Maurer sich zusammenfinden,
> *Liebe nah der Liebe sein.*
> Johannisrosen uns verbinden,
> soll´n Zeichen dieser Liebe sein.

Selene zu den drey Thürmen
Eingangsbereich des Logenhauses

<u>20. September 2008</u>
Festarbeit zum 100jährigen Bestehen Logenhaus

Öffnung:

Was du ererbt von deinen Vätern hast,
erwirb es, um es zu besitzen!

                  J W .v. Goethe (Faust)

<u>Das materielle Erbe</u>

Vor 100 Jahren eingeweiht,
von Brüdern liebevoll erbaut,
entweiht, missbraucht in dunkler Zeit,
ist uns als Erbe anvertraut.

So lebt noch heut´ in diesen Hallen,
wie einst ererbter Maurer-Geist,
lasst Freude über Freude wallen,
und würdigt, was die Väter preist.

Was sie uns in die Hand gegeben,
es zu erhalten, ist uns Pflicht,
nach Fortentwicklung woll´n wir streben,
es leite uns der Schönheit Licht.

So lasst uns denn als treue Erben
stets handeln und nicht stille sitzen,
dann werden wir es recht erwerben,
erwerben, um es zu besitzen.

Schließung.

Was du ererbt von deinen Vätern hast,
erwirb es, um es zu besitzen!
J W .v. Goethe (Faust)

<u>Das ideelle Erbe</u>

Vor 100 Jahren eingeweiht
ist dieses Haus heut´ uns zu eigen.
Mit Achtung und voll Dankbarkeit
wir vor den Brüdern uns verneigen.

Doch was wir brüderlich bekamen,
gleicht dem Gefäß, das hohl und leer.
Ist nur ein edler, würdiger Rahmen,
bedarf des Inhalt´s allzu sehr.

Der Inhalt führt das Erbe fort,
das alte Meister weiterreichen,
es ist der Geist und ist das Wort,
ist Kenntnis von den alten Zeichen,
vom Werkzeug und geweihtem Ort.

Nur wenn wir diesen Inhalt pflegen,
und dies mit Herz und Würde tun,
wenn unsre Seele wir bewegen,
nach gutem Streben, niemals ruh´n,
wird Maurergeist die Leere füllen,
durch Ritual, uns wohl bekannt,
und das Geheime uns enthüllen,
was wir ererbt aus Väter Hand.*

* im Sinne von Meister

Arbeit III   September 2008
<u>Erhebung Br. Rainer T.</u>

Öffnung:

*Es ist die Todesstunde, auf die wir alle hinleben,
und in diesem Hinleben auf diese Stunde,
bewähren wir uns.*
Hugo von Hoffmannsthal

Schließung:

*Es ist die Todesstunde, auf die wir alle hinleben,
und in diesem Hinleben auf diese Stunde,
bewähren wir uns.*   *Hugo von Hoffmannsthal*

Die Zeit – läuft unabänderlich,
du kannst nichts tun, sie fliegt im Nu,
du kannst nur leben „ meisterlich",
auf deine Todesstunde zu.

Weil keiner weiß was dann geschieht,
leb´ „meisterlich" im Handeln, Wort und Geist,
und höre auf des Meisters Lied,
das Trost und Hoffnung dir verheißt.

Meisterlied siehe Seite 111

Öffnung:

Edel sei der Mensch, hilfreich und gut,
denn das allein unterscheidet ihn von allen Wesen
die wir kennen.
Heil den unbekannten höheren Wesen!
Die wir ahnen. Ihnen gleiche der Mensch,
sein Beispiel lehrt und jene glauben.

J.W. von Goethe

Allein der Mensch hat diese Gottesgabe,
zu erkennen, was gut ist und was schlecht,
vom ersten Denken bis hin zum Grabe,
muss er entscheiden, was ungut ist und was gerecht.
Denn als Geschöpf soll er des Schöpfers Bote sein,
der mit Vernunft und Herz entscheidet,
der sich bekennt zum Ja und Nein
und dabei jedes Unrecht meidet.

Schließung:

Edel sei der Mensch, hilfreich und gut,...

Auch eines Maurers Beispiel läßt uns jene glauben,
ein göttlicher Geist muss uns die Richtschnur sein,
dem eigenen Willen nur zu erlauben,
was edel formt den „Rauhen Stein".
Und wenn dann der behauene Stein
auch vom Profanen wird erkannt,
dann werden **wir** ein Beispiel sein,
das Beispiel für des Höchsten Hand.
So möge jeder sich zum Maurer wandeln,
der nicht nur redet, sondern tut,
und Beispiel gibt für göttlich´ Handeln,
durch *edel* sein, *hilfreich und gut.*

<u>Arbeit II   Oktober 2008</u>
Beförderung der Brr.
Sascha und Volker
<u>und   November 2010</u>
Beförderung der Brr.
Tilo und Christian

Öffnung:

Weg der Gesellen

Lehrlinge sind die beiden Brüder,
die draußen vor der Pforte stehen.
Neues sollen sie heut´ erfahren,
bevor sie auf die Reise gehen.

Sie sollen Red´ und Antwort stehen
von ihrer Arbeit mit dem Hammer.
Sie sollen den „Flammenden Stern" nun sehen,
zum ersten Mal in dieser „Kammer".

Sie sollen zwei neue Stufen steigen,
von denen hin zum „Ursprungslicht".
Der „Flammende Stern" wird ihnen zeigen,
den Weg zu gehen mit Zuversicht.

Wir wollen sie auch hier begleiten,
wir, die diese Stufen selbst erstiegen,
woll´n sie auf Neues vorbereiten,
Worüber wir bisher geschwiegen.

54

Schließung:

55

„Zum Beginnen, zum Vollenden
Zirkel, Blei und Winkelwaage;
Alle stockt in unseren Händen
leuchtet nicht der Stern dem Tage."

ein allgemein bekanntes Zitat

Nun folgt dem Stern, ihr „ Jung-Gesellen",
erkennt wo Handeln ist von Not.
Benutzt mit Freude Eure Kellen,
verbindet dort wo Spaltung droht,
wo Menschen kränken oder streiten
gilt es, die Kelle anzuwenden,
und nur zum Wohle beider Seiten,
sollt Ausgleich ihr und Frieden spenden.

<u>Ergänzung für November 2010</u>

So ist und bleibt die erste Pflicht,
für jeden der sich nennt Geselle,
ein Mittler sein, wo Streit ausbricht,
und dafür nutze er die Kelle.

<u>Schwesternfest Oktober 2008</u>

Isis - Sinnbild der Weiblichkeit

Aus dem Chaos geordnet vom Sonnengott Ra,
ward Himmel und Erde, Luft und Licht,
für Menschen geschaffen das göttliche Paar,
Osiris und Isis mit Menschengesicht.

Ein Mythos von Gottheit und Menschsein zugleich,
der Mythos vom Leben im jenseitigen Reich,
von göttlicher Allmacht und menschlichem Leid,
vom irdischen Leben, dem Leben auf Zeit.

Ein Mythos von großer, unendlicher Liebe,
die Geschöpf und Schöpfer ganz eng verbindet,
verkörpert durch Isis und ihre Liebe,
die irdisches Sein und den Tod überwindet.

So wird aus Isis, der mitleidvollen Kreatur,
die vertrauteste Göttin der antiken Zeit,
das Vorbild für Liebe in frühester Kultur,
bis heute ein Sinnbild der Weiblichkeit,
in der Weisheit und Stärke in Schönheit erscheinen,
in der sich Tugend und Treue mit Liebe vereinen.

Wenn solche Säulen den Tempelbau tragen,
- so lässt es Bruder Mozart singen und sagen -:
„ dann ist die Erd´ ein Himmelreich
*   und Sterbliche sind Göttern gleich. "*
(aus Zauberflöte, W-A-Mozart)

Öffnung:

Kreislauf des Lebens

Der Mensch lebt eine - seine Generation.
Die Blume nur einen - ihren Frühling.
Der Schmetterling fliegt einen - seinen Sommer.
Manch´ Fliege nur einen - ihren Tag.

Und alle fügen sich einem Kreislauf in Stille,
dem Kreislauf des Lebens auf Erden;
erfüllend des „Höchsten" Bauplan und Wille,
durch Wechsel von Sterben und Werden.

Schließung:

Gedanken von Oswald Torsten
aus „ Ursprung und Wege des Christentums "
in ein Gedicht umgesetzt:

Angst, wie lange unsere Lebensspanne währt,
Angst vor dem alles ins Nichts auflösenden Tod,
das ist ´s, was unseren Egoismus nährt,
uns leben lässt in Seelen-Not?

Wir können den Egoismus selbst besiegen,
einen Weg zum Altruismus finden,
wenn in uns gute Werte überwiegen
werden Todesangst wir überwinden.

Was leitet uns zu diesem höchsten Ziel?
Es ist die edelste Form all uns´rer Triebe,
sie schenkt und empfängt unendlich viel,
es ist und bleibt des Menschen Liebe.

Erhebung Br. Günther

Öffnung:

*„Die Einmaligkeit der Lebensspanne des Einzelmenschen im Angesicht des- sein **Ichbewusstsein** ins Nichts auflösende - Todes, ist die stärkste Triebfeder eines schrankenlosen Egoismus.*

Nur durch die Überwindung des Todeserlebnis kann auch der von ihm ausstrahlende Egoismus überwunden werden.

Und diese Überwindung des Egoismus vom Inneren heraus, also ethisch aus der Seele des Individuums, ist notwendig, wenn überhaupt eine Gesellschaftsordnung und eine Gemeinschaftsleistung der Menschheit möglich sein soll. „

Zitat. Oswald Torsten in
„ Ursprung und Wege des Christentums“. Seite 506

Schließung:

Die königliche Kunst, ist Egoismus überwinden;
sie baut und formt den Tempelbau.
Die höchste Form kann nur der Meister finden,
schlägt er den Zirkel punktgenau.

Setzt er ihn an in seinem Innern,
und schlägt um sich den eigenen Kreis,
gilt es, sich Hammer, Kelle zu erinnern
und arbeiten in stetem Fleiß.

Am „Lebens-Reißbrett“ plant er mutig zu,
selbst Todesangst kann ihn nicht bangen.
In ihrer Überwindung findet er zur Ruh,
wird „Königliche Kunst“ für sich erlangen.

Stiftungsfest Januar 2009

Öffnung:

Die Zeit ist das kostbarste Geschenk,
uns gegeben, damit wir klüger, besser,
reifer, vollkommener werden.
Thomas Mann

Schließung:

Doch ist es nicht nur die Gegenwart,
hier zählt auch die Vergangenheit,
die Zeit **vor** unserem eigenen Leben.
die als Geschenk uns ist gegeben.

Es ist die Zeit von alten Meistern.
Ihr irdisch Werk´ soll uns begeistern
und Vorbild sein für unser Tun,
soll Ansporn sein, niemals zu ruh´n.

Was Sie aus ihrer Zeit uns hinterlassen,
ist nicht Historie und Tradition allein;
am Stiftungsfest lasst uns erfassen:
Objekt war stets der "Rauhe Stein".

Und dies´ Symbol, aus Maurergeist geboren,
ist uns zur treuen Pflege übergeben,
ging ein Viertel Jahrtausend nicht verloren;
so lasst uns nach Entwicklung streben
und nutzen unsere Zeit auf Erden,
damit wir
klüger, besser, reifer, vollkommener werden.

<u>Arbeit I   Februar 2009</u>
40 jähriges Maurerjubiläum Br. Friedhelm B.

Öffnung:

> *Arbeiten und schaffen soll jeder nach seiner Art,*
> *denn darin liegt sein Heil;*
> *bauen soll er <u>in</u> sich und <u>außer</u> sich,*
> *und was ihm in der Seele,*
> *was ihm im Umkreis seines Seins*
> *von gegenwirkenden Kräften zerstört wurde,*
> *das soll er immer wieder von neuem geduldig*
> *aufrichten, denn darin liegt sein Glück.*
>
> *Wilhelm Raabe*

Schließung:

> *Nach Wilhelm Raabe:*
> *Arbeiten und schaffen soll jeder nach seiner Art,*
> *denn darin liegt sein Heil; ..... denn darin liegt sein Glück.*

Wie wohl vertraut uns die Gedanken scheinen,
mit anderen Worten zwar und gut formuliert,
ist das für uns doch - wie wir es meinen -
was in der königliche Kunst wird praktiziert.

Und diese Kunst heißt ewig Bauen
am großen Bau recht meisterlich,
heißt stets den „Rauhen Stein" behauen,
nach Innen und auch äußerlich.

Wer diese Kunst geduldig übt,
schaut stolz auf 40 Jahr´ zurück,
schaut froh voraus, lebt unbetrübt,
denn darin liegt sein Maurer- Glück.

<u>Arbeit I März 2009</u>
Öffnung:

Es ist etwas Merkwürdiges:
Wir Menschen erkennen die Fehler bei anderen,
ihre Dummheit, Ihre Borniertheit, ihre Feigheit,
ihre Enge, ihre Sentimentalität, ihre Traumata,
ihre verklemmten Affekte, ihre
Minderwertigkeitskomplexe:
Wie schwer gelingt es uns (aber), zu sagen:
So wie ich es bei anderen erkenne,
muss es vermutlich auch bei mir sein.

Karl Rahner (1904 – 1984)Dogmatiker und Religionsphilosoph

Schließung:

Wie schnell seh´n wir des Bruders Kanten oder

Ecken,

woll´n sie behauen, weil sie uns nicht passen.
Was wir als Unvollkommenheit bei ihm entdecken,
will unser eit´les Ich selbst nicht erfassen.

Doch sind wir alle aus dem selben Stein,
dem Steinbruch, den man Menschheit nennt,
es muss dein Stein genauso sein,
wohl dem, der diesen Sinn erkennt...

... und fragt, in seiner Unvollkommenheit:
Wie steht es denn mit meinem Stein,
bin ich zur Selbstkritik bereit
und kann dem Andern verzeih´n?

Meine Brüder!
Gebraucht den Hammer nur für eu´ren Stein,
manche Ecken des Bruders könnten die eigenen
sein.

Öffnung:

*Dort war die Gesellschaftskritik
von Erfolg gekrönt,
wo es die Menschen gelernt hatten,
fremde Meinungen zu schätzen.*
                    Karl Popper (1902 – 1996)

*...begegnet auf gleicher Ebene –
auf der Winkelwaage !*

Schließung:

Wiederholen:
Dort war ...,
.... fremde Meinungen zu schätzen.
Karl Popper (1902 – 1996)

Fremde Meinung schätzen und beachten
Heißt eigene nicht überschätzen.
Ist es nicht das wonach wir trachten?
Niemand mit Worten zu verletzen?

Ist das nicht Sinn des Stein Behauens,
damit er eng zum anderen passt?
Ist das nicht Ziel des Tempelbauens,
damit er trägt der Menschheit Last.

Ist das nicht Fugen, Glätten, Schichten,
damit das Mauerwerk auch hält.
Ist das nicht brüderliches Schlichten,
damit die Loge nicht zerfällt?

Ist das nicht unsre erste Pflicht
 - so frage Meister und Geselle -
ein Mittler sein wo Streit ausbricht,
denn dafür steht für uns die Kelle?

Schaut um Euch nun, ihr „ Jung-Gesellen",
erkennt wo Handeln ist von Not.
Benutzt mit Freude eure Kellen,
verbindet dort wo Spaltung droht.
Auch draußen in profaner Welt,
gilt es die Kelle anzuwenden,
damit Humanes nicht zerfällt,
sollt Ausgleich ihr und Frieden spenden.

<u>Arbeit I   Juni 2009</u>

Öffnung:

Wer für hohe Ideale lebt,
muss vergessen,
an sich selbst zu denken.
Anselm Feuerbach (1829 – 1880)

Schließung:

Nicht Selbstaufgabe ist gemeint,
wenn, Brüder, dies Zitat ihr hört,
beim Ideal, das uns vereint,
allein der Egoismus stört.

Gemeint ist Geiz und Vorteilsnahme,
Ausbeuten dessen, der sich nicht wehrt,
ist üble Rede, ist alles Infame
was einen Menschen tief entehrt.

Gemeint ist Hochmut, Arroganz,
ist Missgunst oder auch der Neid,
ist Fehlen eigener Toleranz
und auch ein Stück Barmherzigkeit.

So sind es immer wieder neue Ecken,
die nicht zur Form des Kubus passen,
auch wenn wir sie so gern verstecken,
wir dürfen sie nicht stehen lassen.

Sie stören nur den anderen Stein,
- auch er ist Teil von dieser Erde -
sein Wohl, soll unsere Streben sein,
damit der Bau gefördert werde.

.... bereit zur Arbeit

Johannisfest Juni 2009

Öffnung:

Wir wollen es gerne wagen,
in unseren Tagen der Ruhe abzusagen,
die´s Tun vergisst.
Wir wollen nach Arbeit fragen,
wo welche ist,
nicht am Amt verzagen,
uns fröhlich plagen
und unsere Steine tragen
auf´s Baugerüst.

Nikolaus Graf Zinnendorf 1700 –1760

- Motive eines Brunnens in Puerto Rossario, Fuerteventura -
PC-Collage   © K.L.Ge 2009

*.... und unsere Steine tragen
auf´´ s Baugerüst.*

So paradox es für dich klingen mag,
der Stein, den du zu tragen hast,
 - zu jeder Stunde, Tag für Tag, -
der bist du selbst mit deiner Last.

Und dieser Stein ist dir nicht fremd.
Kennst ihn von Außen und von Innen,
ihn zu bearbeiten dich nichts hemmt,
auch kannst du heute noch beginnen.

Behaue ihn, damit er leichter wird für dich,
wenn du ihn schleppst auf ´s Baugerüst,
und setze ihn recht meisterlich
am Bau, der uns das Höchste ist.

Danach strebe ein jeder auf dieser Erde,
damit der Bau gefördert werde.

<u>Arbeit I   September 2009</u>
Aufnahme Br Hendrik

Öffnung:

> *Einsamkeit ist der Weg, auf dem das Schicksal*
> *den Menschen zu sich selber führen will.*
>
> *Hermann Hesse*

Schließung:

Der Weg zum ICH ist *Einsamkeit*.
Kein Anderer kann dich hier begleiten.
Drum geh´ ihn in Beharrlichkeit,
und plane diesen Weg beizeiten.

Und liegt der Weg zunächst in fernem Dunst,
Gegen Osten schreite frank und frei,
dein Kompass ist die Königliche Kunst,
dein Wanderstab die Maurerei.

Der lange Weg, bleibt ohne Ende,
führt hin bis in die Ewigkeit.
Für ein Zurück gibt´s keine Wende,
Erkenn´ dich selbst ist *Einsamkeit*.

Arbeit I   Oktober 2009
Aufnahme Br. Tilo
Öffnung:

Was der Mensch denkt und was der Mensch träumt,
das gewinnt eine Gewalt über ihn;
was einmal in die Seele gefallen,
das wirkt lebendig darin fort, erhebend und treibend,
herabziehend und zerstörend.

Gustav Freitag (1816 – 1895)

Schließung:

Was der Mensch denkt und was der Mensch träumt,...

Und wenn wir dann zum Maurer werden?

Was fällt in unsre Seele dann?
Was wirkt beharrlich in ihr fort ?
Was zieht uns so in einen Bann
und wird für uns ein sich´rer Hort?

Es ist, was wir erleben, an dem geweihten Ort.
Es ist, was prägt durch Ritual, Symbol und Wort.

Es ist, was wir empfinden, ein jeder ganz für sich.
Es ist, wie wir uns binden und arbeiten am Ich.

Und dieses Ich ist unser Stein, er kann mit seinen Ecken
erhebend und zerstörend sein, je welchen Trieb wir in
ihm wecken.

Drum lasst uns uns´ren Stein behauen
und uns´rer Werkzeuge besinnen,
lasst uns auf Bruderliebe bauen,
denn Gutes soll *Gewalt gewinnen.*

69

<u>Zum Schwesternfest   Oktober 2009</u>

Die Liebe ist das Herz des Ganzen.
Die Liebe ist das Leben, - ist das Wesentliche.
Aus ihr entfalten sich - die Verse, - die Taten - und
alles Übrige.

Wladimir Majakowski (1893 – 1930)
Russischer Dichters und Maler

Die Liebe ist das Herz des Ganzen!

Was wäre solch ein Ganzes*, das keine Liebe kennt?
Was wäre denn ein Mensch, der Liebe nie erfahren?
Was wäre wohl der Geist, in dem nicht Liebe brennt?
Was wäre gar ein Herz, unfähig Liebe zu bewahren?

Es wäre ein Nichts, ein stumpfes, elendes Vegetieren,
Es wäre erbärmliches Dasein in Kälte, Hass und Neid,
Es wäre ein animalisches Leben, gleich den Tieren,
jedoch durch Geist befähigt zu Hinterlist und Streit.

Kurze Pause
Drum lasst uns alle daran bauen,
am Tempel, den die Liebe trägt,
und schenkt einander mehr Vertrauen,
auf dass es <u>unsere Taten</u> prägt.

Lasst uns anstatt nur mit dem Geist
vielmehr mit unserem Herzen denken.
Und jedem zeigen was es heißt,
für Alles Liebe zu verschenken.

Ob für Menschen, Tiere oder Pflanzen,
Die Liebe ist das Herz des Ganzen.

<u>*das Ganze = das Leben = das Alles = das Irdische</u>

Öffnung:

Allen Menschen harrt der Tod;
Und keinen gibt´s auf Erden,
der untrüglich weiß,
ob ihn der nächste Morgen noch am Leben trifft.
Euripides

Schließung:

Allen Menschen harrt der Tod;
Und keinen gibt´s auf Erden, ...

Brüder !

Erkennt die Botschaft dieser Ode
und seid bereit für diese letzte Stunde.
Doch fürchtet Euch nicht vor dem Tode,
er führt ins Licht aus tiefstem Grunde.

Seht Euch als Teil des großen Ganzen,
begrenzt durch den Kreislauf der Natur,
für alles hier, ob Tier, ob Pflanzen,
gibt es die eine Lebensspanne nur.

Wer anerkennt den unabwendbaren Tod,
und strebt im Leben nach Vollkommenheit,
der überwindet alle Ängste der Todesnot,
und gestaltet die eigene, sich neigende Zeit.

<u>Trauerloge   November 2009</u>

Öffnung:

> *Death stands above me, whispering low*
> *I know not what into my ear:*
> *Of his strange language all I know*
> *is, there is not a word of fear.*
>> *Walter Savage Landor, englischer Schriftsteller 1775 – 1864*

zu Deutsch
Der Tod steht über mir, wispert leise
ich weiß nicht was in mein Ohr:
Alles, was ich von seiner fremdartigen Sprache weiß
ist, es nicht ein Wort der Furcht.

Schließung:

> *Death stands above me ……*
>> *…. There is not a word of fear.*

D er Mensch müht sich ein Leben lang,
diese fremde Sprache zu erfassen.
Vor ihr ist es ihm Angst und Bang´,
weil er das Irdische muss lassen.

Wer dann die richtige Sprache spricht,
die königliche Kunst wir nennen,
der fürchtet diese fremde nicht,
versteht sie, ohne sie zu kennen,
denn wenn das Dasein sich ins Jenseits schiebt,
für den Maurer es *kein Wort* zu fürchten gibt.*

  *Grund

Öffnung:

Die Worte sind gut, sie sind aber nicht das Beste.
Das Beste wird nicht deutlich durch Worte.
Der Geist, aus dem wir handeln,
ist das Höchste.

J.W. v. Goethe, Wilhelm Meister,
Ende 7. Buch der Lehrjahre

Schließung:

Worte sind es, die berichten,
vom Gestern, Heute und von Morgen.
Sie lehren Recht und fordern Pflichten,
sind Sprachrohr uns´rer Freud´ und Sorgen.

Worte sind es, mit denen wir geloben,
zu streben nach dem höheren Ziel.
Sie können tadeln und auch loben,
und wenig sein, - manchmal zu viel.

Sie können Wahrheit, tiefen Sinn enthalten,
dagegen falsch sein oder leer.
Sie können gutes Tun entfalten
und Vieles ändern um uns her.

Gleich was durch Worte wir verwandeln,
und hätten sie auch groß´ Gewicht,
aus Maurer*geist* geborenes *Handeln*
bedarf der großen *Worte* nicht.

<u>Arbeit III   Dezember 2009</u>
Erhebung Br. Florian J.

Öffnung:

> *Die Blume neigt ihr Haupt zur mütterlichen Erde;*
> *Sie fragt nicht, ob ein Morgenrot*
> *zu irgendeinem Lenz sie wieder wecken werde.*
> *Der **Mensch** nur fühlet seinen Tod.*
>
> *Aus Urania von August Christian Tiedge, dt. Schriftsteller,*
> *1752 geboren in Gardelegen 1841 gestorben in Dresden*

Schließung :

Der Mensch nur fühlet seinen Tod,
und weiß doch nicht, wann kommt die Stunde,
ob heut´ sein letztes Abendrot,
ein letzter Hauch aus seinem Munde.

Der Mensch nur <u>weiß</u> um seinen Tod,
und fühlt die Angst die ihn umgibt,
wird demütig, ja auch devot,
wenn er muß lassen, was er liebt.

Der Mensch nur kann für sich entscheiden,
wie er die Todesangst besiegt,
sich ahnend darauf vorbereiten,
was ungewiss im Jenseits liegt.

Und wenn sein Körper bleibt auf Erden,
sein Geist erhebt sich über diesen Tod,
läß´t ihn zu and´rem Leben werden,
in einem neuen *Morgenrot*.

74

Öffnung:

Die nur ganz langsam gehen,
aber immer den rechten Weg verfolgen,
können viel weiterkommen,
als die, welche laufen und auf Abwege geraten.
René Descartes (1596 –1650)

Schließung:

Dies gilt auch für die Maurerei,
beständig gehe deinen Weg;
die königliche Kunst hat vielerlei,
was, wenn du eilst, verloren geht,

Des Maurers Weg führt über Stufen,
die steige langsam Tritt für Tritt,
fühlst du dich sicher und berufen,
dann wage erst den nächsten Schritt.

Wer allzu schnell die Stufen nimmt,
versäumt Details, zu seinem Schaden,
erkennt nicht, was für ihn bestimmt,
kann leicht *auf Abwege geraten.*

<u>Stiftungsfest Januar 2010</u>

Öffnung:

Der in einer Gemeinschaft innewohnende Geist,
der in Gestalt und Handlungen hervortritt,
ist höher zu schätzen, als derjenige,
der sich nur in Worten und Begriffen kundtut.
Br. Rolf Appel (in „Was ist Freimaurerei?")

Schließung:

Der Geist nur eine Loge trägt,
nicht schöne Worte, noch so klug.
Der Geist ist ́s, der das Handeln prägt,
formales Tun ist nicht genug.

Der Geist ist Herrscher unsres Handelns,
das Wort ist Diener nur für ihn,
vermittelt uns, trotz allen Wandelns,
der „freien Maurer" Ziel und Sinn.

Doch bleiben tot Symbole, Ritual und Worte,
die uns von alten Meistern übergeben,
wenn wir nicht vor des Tempels Pforte,
mit unserm Handeln sie beleben.

Beleben brüderlich mit Menschenliebe
in dem gemeinschaftlichen *Geist*,
der in und außen dieser Mauern,
„...unsere Selene..." heißt!

Hexagramm mit S *für „Selene“*
über dem Eingang zum Logenhaus

Öffnung:

Wir wollen nach wahrhaft Gutem
trachten,
Wir wollen keiner den andern
verachten,
Wir wollen uns stützen und führen beim
Wandern,
Wir wollen uns helfen einer dem
andern.

Tingleffer Hausspruch
(Tingleff eine kleine Gemeinde
in Süd -.Dänemark)
aus „ Die Blaue Reihe" Heft 4/5 , 1956)

Schließung:

Wie sind die Worte uns vertraut,
wir wissen nicht wer sie erdacht,
auch nicht wer dieses Haus gebaut,
und wem die Worte zugedacht.

Wie sind die Worte uns vertraut,
als ständen sie für unser Haus,
für das worauf der Bund sich baut,
wir uns bemüh´n tagein und aus.

Wie sind die Worte uns vertraut,
hoch über unsr´rer Eingangstür:
„ Welcher Orient Dich sendet,
in der Heimat bist du hier.... “
Doch innenseitig, fehlt ein Wort,
wenn wir das Logenhaus verlassen,
denkt an den Hauspruch immerfort,
was könnte besser zu uns passen?

Wir wollen nach wahrhaft Gutem trachten,
Wir wollen keiner den andern verachten,
Wir wollen uns stützen und führen beim Wandern,
Wir wollen uns helfen einer dem andern.

<u>Arbeit I März 2010</u>
Aufnahme Br. Dirk

Öffnung:

Nach Wahrheit forschen, Schönheit lieben,
Gutes wollen, das Beste tun.
Moses Mendelsohn, (Philosoph 1729 - 1786)
Lessings Freund und Vorbild für " Nathan der Weise "
Zitiert durch den GM Jens Oberheide in einem Vortrag
über Freimaurerei s. Humanität 01/2010

Schließung.

Der Mauer, der die Worte hört - gar spricht,
sieht Ziele für sein täglich´ Leben.
Er macht den Inhalt sich zur Pflicht
um seinem Stein die Form zu geben.

Nach Wahrheit forschen, heißt sich öffnen,
sich selbst erkennen, auch die Welt,
die Schönheit lieben, heißt es fühlen,
das Wunder, das die Welt erhält.

Das Gute wollen, heißt sich zwingen,
den Egoismus zu überwinden.
Das Beste Tun kann nur gelingen,
wenn wir mit Liebe es verbinden.

Und wenn im Kleinen wir so handeln,
um hier vollkommener zu werden,
dann wird sich auch das Große wandeln,
zur besseren Welt auf dieser Erden.

Öffnung:

Wir brauchen:
Ein unentmutigter Starrsinn, der auch angesichts
großer Wirkungslosigkeit
nicht aufhört, seine Fragen an die Welt zu stellen.
Der Bund der Freimauer gibt ein Beispiel.
Die Symbole Winkelmaß, Wasserwaage und Senkblei
zeugen von der Beharrlichkeit einer Hoffnung,
die sich durch nichts widerlegt sehen will:
Vor der etablierten Ungerechtigkeit nach Gerechtigkeit
zu verlangen,
in Zeiten der Ungleichheit Gleichheit zu fordern,
angesichts tätiger Feindseligkeit geduldig zur
Brüderlichkeit zu überreden.

Siegfried Lenz,
(anl. seiner Verleihung „ Literaturpreis Deutscher Freimaurer 1970")

Schließung:

Geduld, ja Starrsinn müssen uns´re Arbeit leiten
am Tempelbau zur besseren Welt.
Und Wirkungslosigkeit darf nicht verleiten,
nur das zu tun, was zeitgemäß gefällt.

Nutzt dazu, Brüder, unsere Symbole,
sie sind dem Zeitgeist fern, weit überlegen.
Nutzt sie dem Einzelnen zum Wohle,
denn darin liegt der Menschheit Segen.

Zu dieser Arbeit, Maurer, seid bereit,
mit *Starrsinn* und *Beharrlichkeit.*

Arbeit III   Mai 2010
Erhebung Bruder Ralf

82

Öffnung:

> *Es ist mir, als kenne man <u>nicht</u> das <u>ganze</u> Leben,*
> *wenn man nicht den Tod gewissermaßen in den Kreis*
> *einschließt.*

Wilhelm von Humboldt

Schließung:

Lasst uns den Tod ins Leben einbeziehen,
und als Erfüllung ihn betrachten,
zuvor jedoch nach Gutem trachten;
dem Sterben ist nicht zu entfliehen.

Es nichts Schreckliches am Tod,
Es ist die Angst, die uns umhüllt,
sie nährt in uns die Seelennot,
wenn unser Dasein sich erfüllt.

Den wahren Meister kann ´s nicht schrecken,
er weiß, der Geist besteht, geht nicht verloren,
er weiß vom neuen Leben, vom Erwecken,
er weiß zum Sterben werden wir geboren.

Öffnung:

Vollkommenheit ist die Norm des Himmels,
Vollkommenheit **wollen***,*
ist die Norm des Menschen.
Johann Wolfgang von Goethe

Schließung:

Vollkommenheit ....
Johann Wolfgang von Goethe

Vollkommenheit WOLLEN ist unsr´re Norm,
das Wollen ist der Weg zum Ziel.
Ein flammend Licht in Sternenform
gibt Richtung uns, formt uns´ren Stil.

Den Weg zu gehen ist nicht leicht,
gar viele Hindernisse ihn verstellen.
Es wird das Ziel wohl nie erreicht,
das wissen Meister und Gesellen.

Doch unser ständiges Bemühen,
das helle Licht, das uns durchdringt,
läßt Menschenliebe in uns glühen,
die uns dem *WOLLEN* näher bringt.

<u>Johannisfest Juni 2010</u>

Öffnung:

Der ganze fühlende, wissende,
erkennende Mensch muß üben:
Seine geistige Kraft für die rechte Entscheidung,
seine moralische Kraft zur Verantwortung,
seine strebende Kraft nach Vervollkommnung.
Diese Kräfte wachsen nur, wenn sie lebendig
betätigt werden. Freimaurer wollen üben.
Dies ist der tiefe Sinn freimaurerischer Arbeit.

nach Gedanken von Thomas Dehler, 1897 – 1967
Bundesjustizminister und Bruder

Lasst am Maurerjahres-Ende uns besinnen,
wie es mit unserer *Kraft* und unserem *Üben* steht,
bevor das neue Jahr wir heut beginnen,
lasst Zeugnis geben, wie es weitergeht.

Schließung:

.... Freimaurer wollen üben.
Dies ist der tiefe Sinn freimaurerischer Arbeit.

Es hat das neue Maurerjahr begonnen,
setzt neue Ziele uns und Zeit,
ob in dem Amt, ob in Kolonnen,
zum Üben, Üben seid bereit.
Legt Winkelmaß und Zirkel an,
nutzt Senkblei und die Winkelwaage,
behaut den Stein als freier Mann,
und übt, und übt mit jedem Schlage.
Sittliches Üben des freien Mannes,
führt stets zu Neuem, Besserem hin,
So folgt dem Schutzpatron Johannes ...
... und „Ändert - ändert Euren Sinn".

Schutzpatron Johannes in unserem Klubraum

Öffnung:

„Jedenfalls ist es besser ein eckiges Etwas zu sein,
als ein rundes Nichts".
Friedrich Hebbel - Dramatiker und Lyriker 1813 - 1863

Was Hebbel sagt ist durchaus richtig,
entspricht es doch dem Maurergeist,
und hier ist es dem Maurer wichtig,
dass ein Symbol auf ihn verweist,
wonach er strebt tagaus, tagein;
er nennt das Etwas, „eigener Stein",

Schließung:

„ Jedenfalls ist es besser ein eckiges Etwas zu sein,
als ein rundes Nichts“

Was Hebbel sagt ist durchaus richtig,
entspricht es doch dem Maurergeist,
und hier ist es dem Maurer wichtig,
dass **ein** Symbol auf ihn verweist.

Er nennt das Etwas, „eigener der Stein“,
den will er, unbehau´n nicht lassen,
sein eigener Stein soll kubisch sein.
und zu den anderen Steinen passen.

Der Kubus hat, das ist bekannt,
exakt acht Ecken und nicht mehr,
passt sonst nicht in des Tempels Wand,
stört Harmonie und sitzt leicht quer.

Der Stein muß sich ins Bauwerk fügen,
dies ist der Sinn der Kubusform.
Ein Maurer würde sich belügen,
wenn er missachtet diese Norm.

Wer so das „ Hebbel-Wort“ versteht,
und sieht ´s nicht vieler Ecken wegen,
wird Freunde finden, wo er geht,
und brüderliche Eintracht pflegen.

Beförderung Brr. Hendrik
und Clement

Öffnung:

Du wanderst auf dem Pfad zum Licht stets der Versuchung
ausgesetzt,
vom rechten Wege abzukommen, wenn **Du** dich dem nicht
widersetzt.

Zwei Seelen - *ach,! Ich fühle es zu gewiß! – bekämpfen
sich in meiner Brust mit gleicher Kraft.*
So drückte es einst Wieland aus.   *Chistoph Martin Wieland 1733 – 1813*
                                          aus „die Wahl des Herkules"

Zwei Seelen wohnen, ach, in meiner Brust,
beschrieb Bruder Goethe es im Faust.
                                          J.W .v. Goethe

*Zwei Menschen finde ich in mir, (von denen der eine
Gott treu dient und der andere sich gegen ihn auflehnt.)*
läßt Jean Racine die Sänger singen.
                                          Jean Racine, franz Schriftsteller 1639 –1699
                                          im 3. Gesang « Cantique spirituel »

Zwei Gesetze - Gut und Bös`
in Paulus dem Apostel ringen.
(„...*zwei Gesetzen diene ich. Dem Gesetz Gottes mit
dem Gemüte, dem Gesetz der Sünde mit dem Fleisch.* ")
                                          Apostel Paulus, Römerbrief 8,Vers 25 sinngemäß

Der Mensch allein im Stande ist, die Spannung zu erkennen,
und auf dem langen Lebensweg, vom Bösen sich zu trennen.

Schließung:

Zwei Seelen *wohnen, ach, in meiner Brust*

Bruder Goethe im Faust I

Zwei Seelen, Bruder, kämpfen auch in Dir,
und zwingen Dich, sich zu entscheiden.
Die Frage stellt sich allen Brüdern hier:
Soll Recht, soll Unrecht uns begleiten ?

Zwei Triebe Bruder streiten in Dir stumm,
beim Wandern auf des Lebens Pfad,
der eine gerade, der andere krumm,
stets wanderst Du an steilem Grad.

Du Bruder hast dafür Symbole,
lasse sie Dir ein Leitbild sein,
hand´ le danach zu aller Wohle,
und forme deinen Rauen Stein.!

Geh` deinen Weg und ist das Ziel auch noch so fern,
erscheint es unklar dir, liegt nebelhaft im Dunst,
dann folge fest dem Flammen-Stern,
er führt zur königlichen Kunst.

Mit ihr nur **DU** im Stand bist,
Symbolik zu erkennen
und auf dem langen Weg zum Licht,
vom Bösen dich zu trennen.

Liebe ist:

Das Ganze eines Menschen sehen,
und nicht das Einzelne betrachten,
den Lebensweg gemeinsam gehen
und stets sich gegenseitig achten.

Nicht biegen, formen, wie es grad gefällt,
vielmehr ihn nehmen wie er ist.
Das Individuum hat seine Welt,
und ohne sie, wär´ Liebe trist.

Des anderen und die eigene Seele spüren,
es braucht der schönen Worte dazu nicht,
ein Blick, ein inniglich´ Berühren
zeigt beiden, was die Seele spricht.

Wer danach lebt, in treuer Zweisamkeit,
 und gibt der Jugend Drang in Weisheit auf,
erlebt auch noch in später Zeit,
der Liebe Zauberkraft zuhauf.

So bleibt Glückseligkeit Euch beiden hold,
strahlt doch des Lebens Herbst in Gold.

Gewidmet den beiden Goldhochzeitspaaren:
Br. Gerhard und seiner Frau Ilse
und
Br .Günter und seiner Frau Gisela

Deshalb ein noch nicht veröffentlichtes Gedicht

<u>Bruder bedenk´, auch du bist endlich!</u>

Von der Geburt bis zu dem Tod
bleibt dir die eine Spanne Zeit.
Vertue die Zeit nicht ohne Not,
gestalte sie! - Sei stets bereit.

Habe den Mut zu stetem Wandeln,
zu edler Gesinnung und gutem Handeln.
Nur das bringt dir Unsterblichkeit.
Nutze die Zeit! - Sei stets bereit .

Zögern und Harren, das wäre schändlich.
Bruder bedenk´, auch du bist endlich!

Lüneburg Juni 2010

Arbeit I Dezember 2010
Aufnahme Br. Peter

Öffnung:

Bisweilen herrscht zwar Ordnung in unserer Seele
doch ist sie träge und wenig geübt,
den Weg der Pflicht zu finden.
Diesen zeigt uns nur die Ermahnung.

Seneca

Schließung:

Ermahnung zeigt den Weg zur Pflicht,
Sie fordert Ehrlichkeit und Mut,
Bescheidenheit und auch Verzicht
und das zu tun, was recht und gut.

Ermahnung gibt es nie zum Bösen,
das stellt sich meistens selber ein,
sie fordert, sich davon zu lösen,
und Arbeit ist´s am „Rauhen Stein“.

Ermahnung stößt die Seele an,
des Maurers Seele durch Symbole,
dass er erkennt als freier Mann,
zu handeln nur dem Mensch zum Wohle.

So haltet Ordnung in der Seele,
und geht des Maurers Weg zur Pflicht,
übt Rituale, versteht Symbole,
Worte der *Ermahnung* bedarf es dann nicht.

Öffnung:

Ein gewisses Maß an Unwissenheit vom
Anderen ist die Voraussetzung dafür,
dass zwei Menschen Freunde bleiben.

Hermann Bahr Österreichischer Schriftsteller 1863 – 1934

Gilt das nicht auch für Brüder, liebe Brüder?

Schließung:

Ein gewisses Maß an Unwissenheit vom
Anderen ist die Voraussetzung dafür,
dass zwei Menschen Freunde bleiben.

Hermann Bahr

Und - wie steht´ s mit uns, Ihr lieben Brüder?

- _Gedankenpause_ -

Wir werden wahre Brüder bleiben,
wenn wir nicht alles sorglos sagen.
Vertrauen wird <u>dann</u> Schaden leiden,
wenn bohrend wir nach Allem fragen.

Stilles Hören, nicht in den Bruder dringen,
ihm seine Welt und eigene Würde lassen,
Verständnis ihm entgegen bringen,
ja wenn er will, die Hand ihm fassen
und zeigen, - ich steh´ stets bei dir,
sollst meine Hilfe nie vermissen.
Doch eines auferleg´ ich mir,
Was **du** nichts sagst, will **ich** nicht wissen.

Arbeit I   März 2011

Öffnung:

Schließung:

Was will Friedrich Schiller hiermit sagen?
Brauch´ ich den Anderen, um mich zu erkennen?
Ein Ja, - so paradox dies zunächst klingt -
sein Schlüssel dich - dir näher bringt!

Für eigene Fehler ist dein Auge häufig blind,
für die des Anderen sieht es deutlich klar.
Eigene Verfehlungen eher harmlos sind,
bei Anderen sind sie schon Gefahr.

Versuch den Anderen zu verstehen,
mit Nachsicht denke dich in ihn hinein.
Könnt´ ich den Fehler auch begehen,
gib ehrlich Antwort dir allein.

Blick in dein Herz, wie Schiller sagt,
klopf, Bruder, dir an deine Brust;
erkenne, ob dich das Gewissen plagt
und werde eigener Fehler dir bewusst.

Sei hierbei ehrlich, aufrichtig neutral.
Üb´ Selbstgerechtigkeit zu überwinden,
mach dies´ Maxim zur „inneren Moral“,
so wirst du *„ Schillers Schlüssel “* finden.

Logenhaus Lüneburg   *Computerbild © K.L.Ge*

Willst du, dass wir mit hinein
in das Haus dich bauen,
laß es dir gefallen, Stein,
dass wir dich behauen.

Friedrich Rückert
(1788 – 1866 Deutscher Dichter und Bruder
in der eh. Loge „Karl zum Rautenkranz"
i. O. Hildburghausen)

<u>Arbeit I   April 2011</u>
Aufnahme Br. Florian

Willst du, dass wir mit hinein
in das Haus dich bauen,
laß es dir gefallen, Stein,
dass wir dich behauen.

Friedrich Rückert

Öffnung:

Dich behauen, - das klingt passiv sein,
als wenn wir Brüder würden´ s richten
und formten ihn zum rechten Stein,
doch das ist Maurersein mit „nichten".

Vielleicht wird er es heut´ schon spüren,
den Hammer musst er selber führen!

Schließung:
An den jungen Bruder Florian gerichtet:

Willst du, dass wir mit hinein in das Haus dich bauen,
laß es dir gefallen, Stein, dass wir dich behauen.

Friedrich Rückert

Behauen meint dir Hilfe geben,
den Hammer, Bruder, musst du selber führen,
Maurer sein musst du erleben
und deine Form des Steins erspüren.

Behauen meint dir Ziele geben,
dazu das Werkzeug im Symbol,
Dich führ´n zu wahrem Maurerleben,
zu deiner und der Menschen Wohl.

Behauen meint dich anvertrauen,
den Brüdern, diese anderen Steine,
mit denen wir den Tempel bauen,
ob du auch passt, spürst du alleine.

Behauen meint sich Fragen stellen:
Bin ich schon der, der ich sein kann,
versuch´ dein „Dunk´les" zu erhellen,
als Maurer, wie als freier Mann.

„Dich behauen" das mag passiv klingen,
Gemeint ist: **Du** musst aktiv sein,
dann wird der Tempelbau gelingen,
mit dir als wohl behauener Stein.

Nur einmal sollst du Stille bleiben,
wenn wahre Meister es dir sagen.
Behauen meint dann Demut üben
und Wahrheiten ertragen.

<u>Arbeit III   Mai 2011</u>
Erhebung Br. Hendrik

<u>Öffnung:</u>

Das Leben ward uns gegeben unter
der Bedingung des Sterbens.
Es ist ein Gang zum Tode.
Der Tod ist eine Notwendigkeit.

Der Tod unterbricht unser Leben,
aber er raubt es nicht.
Es kommt der Tag,
der wieder zum Lichte führt.
Alles, was zu vergehen scheint,
wird nur verwandelt.

Vor der letzten Stunde erzittere ich nicht.
Ich habe mich schon darauf vorbereitet.

Seneca, römischer Philosoph und Literat
ca. 1 vor bis 65 nach Chr.

Vorbereitet Euch im Hier und handelt,
bis das Vergängliche zu Ende geht,
der Körper sich zum Ursprung wandelt
und Asche sich im All verweht.
Im steten Kreislauf der Natur
sind wir ein winzig Teilchen nur.

Vorbereitet Euch für dort – dem Oben,
wo Geist und Seele neue Heimat finden,
wo der Verstand ist aufgehoben,
weil Irdisches wir überwinden,
wir ew´ges Licht des Ostens sehn,
im Dort an höhere Arbeit gehen.

Wer vorbereitet ist für jene Stunde,
wenn irdisch´ Licht ins Dunkle fällt
und Sternenlicht als frohe Kunde
ihn hell empfängt in ew´ger Welt,
der lebt im Hier ohn´ Angst und Todespein,
geht furchtlos ins Elysium ein.

in memoriam
meinem Bruder und
Freund Friedhelm

<u>Arbeit I   09. Mai 2011</u>
meine letzte Arbeit als Meister vom Stuhl

Öffnung:

Erkenne dich selbst!

Bruder W. J. v. Goethe antwortet auf diese
Aufforderung:

Wie kann man sich selbst erkennen?
Durch Betrachten niemals,
wohl aber durch Handeln.

Versuche deine **Pflicht** *zu tun,*
und du weißt gleich, was an dir ist. "

© K.L.Ge

Erkenne dich selbst!

„ Des Maurers Pflicht "

Der Spiegel zeigt dich wie du bist,
das Handeln fordert was von dir,
gleich was es auch im Einzeln ist,
die Pflicht erfüllen, das ist mehr.

Die Pflicht ist Handeln nur des Guten wegen,
auch gegen eignen Sinn und Lust,
die Pflicht erfordert sich zu regen
gegen Bequemlichkeit und Frust.

Die Pflicht bringt in Gewissensnot,
sich gegen eig´nen Willen zu entscheiden.
Sie auferlegt dir manch´ Verbot
und für die Wahrheit stets zu streiten.

Die Pflicht verlangt das offene Wort,
doch Schweigen auch zur rechten Zeit.
Die Pflicht, sie prüft dich immerfort,
auf Mut und auch Bescheidenheit.

Was du auch tust in deinem Leben,
erkenne was ist wesentlich.
Üb´ nicht das Nehmen, sondern Geben,
sieh´ erst die Pflicht und dann sieh´ dich.

Strebe danach, weil du ein Maurer bist,
dann „*weißt du gleich, was an dir ist*".

<u>Johannisfest Juni 2011</u>
Letzte Arbeit und Übergabe des Amtes an Br. Frank

Nur Öffnung:

Ein jegliches hat seine Zeit,
und alles Vornehmen unter dem Himmel
hat seine Stunde.

(Prediger 3.1.)

Ein Jegliches hat seinen Anfang und sein Ende.
Oft ist es nur ein Augenblick.
Wir schau´n zum Tag der Sonnenwende,
heute auf´s alte Maurerjahr zurück.

Zurück auf unser Tun und Lassen.
War es mit Weisheit angefüllt,
haben wir die Stärke walten lassen
und auch mit Schönheit es umhüllt?
Im schönen Geist der Menschenliebe,
dem höchsten Gut auf dieser Welt,
dem Bollwerk gegen böse Triebe,
dem Kitt, der unsern Bau erhält?

So prüfe heut´ ein jeder still,
denn unsere Zeit sie fließt dahin,
hört was uns Johannes sagen will:
„Kehrt um und ändert Euern Sinn"

Bisheriges steht vor dem Ende,
auf dass das Neue Raum gewinne,
zur Kette reichen wir die Hände
„ Dem Anfang wohnt ein Zauber inne". *

**frei nach Hermann Hesse : „Stufen"*

102

<u>vorbereitet für eine Arbeit I oder III</u>

Mein Glaube (Auszug)
Nur die 1., 11., 12. und letzte Strophe

Ich glaube, dass die schöne Welt regiere
Ein hoher, weiser, nie begriffner Geist;
Ich glaube, dass Anbetung ihm gebühre,
Doch weiß ich nicht, wie man ihn würdig preist.

So will ich denn mit regem Eifer üben,
Was ich für Wahrheit und für Recht erkannt,
Will brüderlich die Menschen alle lieben,
Am Belt, am Hudson und am Ganges-Strand.

Ihr Leid zu mildern und ihr Wohl zu mehren
Sei jederzeit mein herzlichster Beruf.
Durch Taten glaub´ ich würdig zu verehren
Den hohen Geist, der mich und sie erschuf.

Und tret´ ich einst dann aus des Grabes Tiefen
Hin vor des Weltenrichters Angesicht,
So wird er meine Taten strenge prüfen,
Doch meinen Glauben, - nein, das glaub ich nicht!"

Ignatz Heinrich von Freiherr von Wessenberg 1774 –1860
Aufgeklärter römisch-katholischer Theologe

<u>Ich füge hinzu:</u>
Er sieht den Menschen, so wie er ist,
gleich ob Katholik oder Protestant,
ob Moslem, Hindu auch Buddhist,
sie liegen all in seiner Hand.

So lange wir auf dieser Erde wandeln,
zählt nur unser ethisches, humanes Handeln.

Seebestattung Bruder Hoyk

Unser letzter Gruß:

Zu Haupt die sanft Erglühende
die Rote niederwärts .
die Weiße, hold Erblühende,
die leg´ ich dir aufs Herz.

Und drei Umrundungen mit dem Kutter

Vergängliches,

       vergeht.

Vergangen,
gewandelt.

Bereit
aufzulösen,
heimzukehren
zum Ursprung,
in den Raum der Ewigkeit.

Beständiges,

       besteht.

Der Geist.
das Wort,
Hauch ewigen Lebens,
im Hier
und Dort.

Glaube – Liebe - Hoffnung

Glaube - Liebe – Hoffnung,
sie mögen uns begleiten in dieser stillen Stunde,
sind sie doch edle, hehre Ziele in unserm Bruderbunde.
Nie sollen diese göttlich „Drei" aus unseren Herzen
schwinden,
dann wird uns keine Macht der Welt an ´s Irdische
hier binden.

Du, Bruder, bist in neuem Leben,
in neuem Sein - im „Ewig-Raum".
Im Diesseits war die Liebe für den Nächsten,
die Wurzel für dein Lebensbaum.
Es war die Hoffnung und der Glaube,
von allen Zweifeln unberührt,
was dich auf deinem letztem Wege
jetzt hin zum hellen Lichte führt.

Deinen Leib geben wir der Mutter Erde,
wir denken dein in Dankbarkeit.
Dein Geist weilt weiter unter uns
und dort - im Licht der Ewigkeit.

3 Rosen

<u>Rosa - Rot - Weiß</u>

2. A.

Die **Rosa** sanft Erglühende,
die Schönheit,
sie sei dir geweiht,

1. A.

Die **Rote** für die Stärke,
die du gezeigt in
Freud´, wie Leid.

M.

Die **Weiße** deiner Weisheit,
wie sie dir eigen war im Leben,
wir danken dir für alles,
was frohen Herzens du gegeben.

Aufnahmelied

Neuer Bruder aufgenommen
bist du heut in unseren Bund

Alles was du hast vernommen,
denke dran zu jeder Stund.

Sieh wir kommen dir entgegen,
reichen dir die Bruderhand,

Lieb und Treue sollst du pflegen,
knüpfen fest ein Bruderband.

Knüpfen fest das Bruderband.

Text und Melodie: ein Br. der „Selene"
Vermutlich Br. Heinrich Rabeler

Text und Musik: unbekannt
Vermutlich ein Bruder Heinrich Rabeler

Ablichtung einer Handschrift.; gefunden im Archiv der Selene. Leider wurde das handschriftliche Original bisher nicht wieder aufgefunden.

Annahmelied

Liebe Brüder aus der Ferne,
klopftet an an unsere Tür.

Herzlich seid Ihr angenommen,
Lieb und Treu versprechen wir.

Fehlen Euch die alten Freunde,
seht wir stehen nun dafür.

Welcher Orient Euch sendet,
in der Heimat seid Ihr hier,

nächste Brüder sind nun wir.

Melodie: Aufnahmelied   Text: Klaus L. Gemmerich

*Lied zu einer Trauerfeier
oder anderen Arbeitsritualen/ Zeremonialen
(Meisterlied)*

*Liebe Brüder, diese Stunden
Geben uns die Zuversicht.*

*Unser Tod wird überwunden,
aus dem Dunkeln bricht das Licht.*

*Dieses Licht in unsren Herzen,
überstrahl Vergänglichkeit.*

*Irdisch sind nur Tod und Schmerzen,
Wort und Geist steh`n für alle Zeit,*

*führ´n ins Licht der Ewigkeit.**

*Melodie: Aufnahmelied
Text: Klaus L. Gemmerich / letzte Zeile 2010 überarbeitet.*

**im Sinne Hans Küng: .... ein Sterben ins Licht hinein.
„Der Anfang aller Dinge" , 2005*

Ein Grußlied

*Gesungen beim Besuch der Loge "Drei Lilien" i. O. Berlin mit 21 Brr.
während einer gemeinsamen Arbeit am 04.03.2005*

Liebe Brüder aus der Ferne,
seid willkommen hier bei uns.
Lasst uns heut gemeinsam bauen
in der königlichen Kunst.
Unser Werkzeug ist das gleiche,
Freundschaft sucht Ihr so wie wir.
Welcher Orient Euch sendet,
 in der Heimat seid Ihr hier.

Weisheit soll beim Bau uns leiten,
Stärke führe ihn stets aus.
Schönheit soll ihn dann vollenden,
so das Ziel des Tempelbaus.
Wenn wir redlich uns bemühen,
brüderlich zusammenstehen
und den eignen Stein behauen,
werden wir den Tempel bauen.

Wenn wir in die Kette treten
brüderlich mit Herz und Hand,
wollen wir uns treu versprechen
was uns Brüder stets verband.
Toleranz und Bruderliebe,
Menschlichkeit ist unser Ziel –
Dafür steh´n wir alle Zeit
heute und in Ewigkeit.

*Text: Klaus L. Gemmerich
Melodie: Nach der Melodie "Lied des Veit"
aus Undine von Albert Lortzing
Alternativ: Melodie Aufnahmelied*

<u>Rosenlied für Schwestern zum Schwesternfest</u>

Nach der Melodie: Dunkel rote Rosen
von Karl Millöcker aus der Operette „Gasparone"
im Wechsel gesungen vom MvSt und ZM Hans-Jörg

<u>Br. Klaus L. (MvSt)</u>

Dunkel rote Rosen bringen wir Euch heut´
Boten uns´rer Liebe, Schwestern Euch erfreut.
Königin der Blume, Wuchs vom edlen Strauch,
Sinnbild aller Schönheit, so ist ´s Maurer Brauch.

<u>Br. Hans-Jörg   (ZM)</u>

Ein tief verborg´ner Sinn – liegt in den Blumen drin,
gäb ´s nicht die Blumensprache,
wo kämen wir Männer hin?
Fällt das Reden uns schwer, müssen Blumen her,
denn was man nicht zu sagen wagt,
man durch die Blumen sagt.

<u>Beide:</u>

Dunkel rote Rosen bringen wir Euch dar,
Boten uns´rer Liebe, so wie jedes Jahr.
Königin der Blume, Wuchs vom edlen Strauch,
Sinnbild aller Schönheit, so ist´s Maurer Brauch.

<u>Br. Klaus L.</u>

Am Schwesternfeste heut´, sagen wir Dank erneut,
für Eure Treue, Liebe,
Verständnis bei Freud und Leid.

<u>Br. Hans-Jörg:</u>

Werden von Euch umsorgt, - liebevoll umrangt,
oftmals von uns ganz unerkannt,
die Rose dafür dankt.

<u>Beide:</u>

Dunkel rote Rosen bringen wir Euch dar,
Boten uns´rer Liebe, so wie jedes Jahr.
Königin der Blume, Wuchs vom edlen Strauch,
Sinnbild aller Schönheit, so ist´ s Maurer Brauch.

Text: K.L.Gemmerich

<u>Zur Tafel und Vesper</u>

Zur Tafelloge am Johannisfest

Einleitung der Tafel

Ein Maurerjahr zu Ende ist,
das Neue lasst uns wagen,
es ruft uns alle in die Pflicht,
die uns als Maurer aufgetragen.

Doch nicht nur Pflichten rufen uns,
das fröhlich´ Leben sei ja nicht vergessen
als Teil der königlichen Kunst,
bei Frohsinn, Wein und gutem Essen.

Drum lasst uns diese Tafel halten
und brüderliche Eintracht pflegen.
Lasst Liebe über allem walten,
bittet den Höchsten um seinen Segen

Einleitung der Vesper

Möge uns bei dieser Vesper
brüderlicher Sinn begleiten,
und bei allem was wir tun,
Freude und auch Frohsinn leiten.

Nehmt die Gesellen in die Mitte,
zeigt was die Bruderschaft vermag
und trinkt und speist nach alter Sitte,
denn dies ist heut ihr Ehrentag.

Wir danken ihnen für das Mahl,
das sie uns heute aufgetischt,
gesellenrecht, ganz rustikal,
doch Mäßigkeit - ist unsre Pflicht.

Gesegnete Mahlzeit !

<u>Zum 100jährigen Jubiläum des Logenhauses</u>

Was Brüder dereinst haben gedacht,
die „Goldene Traube" nun „ Selene..." zu nennen,
da konnten sie die Symbolik noch nicht erkennen,
die in den Bau würde einmal eingebracht.

Drei Türme zieren das Logenhaus,
als Seiten- und Eckturm angebracht,
sie zeugen von Weisheit, Stärke und Schönheit
von den bauenden Meistern wohl bedacht.

So strahlen die Säulen von innen nach draußen,
dein Maurerauge nur die Symbolik entdeckt.
Steh´ du vor dem Haus, betrachte von außen,
und spüre den Geist, der in ihm steckt.
Entsinne dich unserer Wegbereiter,
aus dem ewigen Osten mahnen die Geister:
Entwickelt euch fort - macht weiter - macht weiter!
So fordern uns still die „ewigen" Meister.

PC-Collage   K.L.Ge 2008

Die goldene Schachtel zu Weihnachten

(aus einem Englischen Text "A little Box for Christmas" Autor unbekannt,
frei übersetzt und in Verse gebracht)

Drei Jahre ist die Tochter alt
und will, wie es üblich halt,
zu Weihnachten auch etwas schenken.
So nimmt sie, ohne zu bedenken
vom Weihnachtspackpapier dem Besten,
begnügt sich nicht mit bunten Resten.

Der Vater, aufgebracht, weil sparsam er mit Geld:
„Was tust du da in aller Welt?
Nimmst Goldpapier für deine Sachen,
das kannst du doch nicht einfach machen.
Das Goldpapier ist nur für´s Beste da! "   -
Sie leise darauf nur: „Ja, Papa.".

Am Heiligabend, alle sind sie gut beschenkt,
da kommt die Tochter, Blick gesenkt,
und reicht dem Vater, der nun sehr beschämt,
ob seiner Überreaktion zuvor mit ihr,
ein Päckchen in dem Goldpapier.
Er packt es aus und staunt doch sehr,
die kleine Schachtel ist ja leer.

Gleich hebt er an, das Mädchen zu belehren,
" Weißt du nicht, dass wenn man eine Schachtel schenkt,
der Beschenkte an den Inhalt denkt?

Doch deine Schachtel hier ist leer,
sich da zu freuen fällt schon schwer ".
Sie aber kindlich, traurig, herzensschwer:
"Doch meine Schachtel ist nicht leer!
Sie ist gefüllt mit tausend Küssen,
die ich hineingeblasen habe.
Allein für dich - als Weihnachtsgabe"

Er nimmt die Kleine in den Arm
und drückt sie heftig, voller Scham.
" Da zeigt ein Kind - denkt er im Geist -
was wahres Schenken wirklich heißt ".
Von nun an steht an seinem Bett bereit
die Schachtel aus der Weihnachtszeit.
Bedrängt ihn Kummer oder Leid,
braucht Hoffnung er, quält ihn Verdruss.
Er öffnet sie in Dankbarkeit,
entnimmt ihr einen kleinen Kuss.

Ein jeder hat die gold´ne Schachtel,
mit tausend Küssen, voll mit Liebe,
von Kindern, Freunden, auch von Gott.
Und wenn uns sonst auch nichts mehr bliebe,
d e n Inhalt nimmt uns keiner fort.
Er ist das Kostbarste der Welt,
weil es mit Liebe uns gegeben
und uns manch dunkle Zeit erhellt,
wenn wir die Liebe nacherleben.

Drum öffne dir in schweren Stunden,
dein eigen, edles Souvenir,
das Kleinod, das für dich gebunden,
die Schachtel in dem Goldpapier

© Anita und Klaus L. Ge.   Lüneburg 2004

Advents-Zeit

Zeit der Stille -
Zeit der inneren Einkehr -
Zeit des Zusammenrückens -
Zeit der Familie -
Zeit der Vorfreude auf das Fest -
Zeit der eigenen Kinderträume -
Zeit des geheimnisumwobenen Wartens -
Zeit des Wartens auf das Licht der Welt.

Wer weiß das noch?

Advents -Zeit

Zeit vorweggenommener Freude -
Zeit der Hektik, Stress und Power -
Zeit des Kommerz und des Gewinns -
Zeit des Kunstlichtes im Überfluss -
Zeit elektronischer Gefühlsduselei -
Zeit des Konsumierens und Berauschens -
Zeit der Events - Advent verkitscht -
Zeit einer missbrauchten Tradition.

Wer merkt das schon?

Ja...

… So geht das Jahr, es flog dahin
wie Kraniche, die gerade erst gekommen
und nun schon wieder südlich zieh´n.

Hast Mensch,
die Botschaft du vernommen?

Es ist der Rhythmus allen Lebens,
dem auch dein „Hier-sein" unterliegt;
entgegenstellen, bleibt vergebens,
stets Neues über Altes siegt.

Die Weihnachtsbotschaft
ist das NEUE LICHT!

Die Kraniche, sie werden wiederkommen.
Bedenke dein Leben, eh´ es zerbricht!

Hast Mensch,
die Botschaft du vernommen?

Hermann Hesse

Stufen*

Wie jede Blüte welkt und jede Jugend
Dem Alter weicht, blüht jede Lebensstufe,
Blüht jede Weisheit auch und jede Tugend
Zu ihrer Zeit und darf nicht ewig dauern.
Es muß das Herz bei jedem Lebensrufe
Bereit zum Abschied sein und Neubeginne,
Um sich in Tapferkeit und ohne Trauern
In andre, neue Bindungen zu geben.

*+ Und jedem Anfang wohnt ein Zauber inne,
Der uns beschützt und der uns hilft, zu leben.
Wir sollen heiter Raum um Raum durchschreiten,
An keinem wie an einer Heimat hängen,
Der Weltgeist will nicht fesseln uns und engen,
Er will uns Stuf' um Stufe heben, weiten.
Kaum sind wir heimisch einem Lebenskreise
Und traulich eingewohnt, so droht Erschlaffen,
Nur wer bereit zu Aufbruch ist und Reise,
Mag lähmender Gewöhnung sich entraffen.+*

Es wird vielleicht auch noch die Todesstunde
Uns neuen Räumen jung entgegen senden,
Des Lebens Ruf an uns wird niemals enden...
Wohlan denn, Herz, nimm Abschied und gesunde! *

** Gedicht aus Josef Knechts hinterlassene(n) Schriften
  in „Das Glasperlenspiel" von Hermann Hesse*

+ nur dieser Teil wurde in der Arbeit im Mai 2006 zitiert +

Anfang und ....

So hat im Leben alles seine Zeit,
begrenzt durch Anfang und durch Ende,
gemessen an der Ewigkeit,
sind es für uns doch nur Momente,
wo Weltgeist Stuf´um Stufe uns erhebt,
wo er uns Raum um Raum nach vorne treibt;
zum letzten Raum, der vor uns schwebt,
doch bis zum Tod verschlossen bleibt.

Doch wenn wir Menschen die Momente füllen
mit edlem Tun und Gutes in uns wecken,
wenn wir mit Nächstenliebe uns umhüllen,
kann dieser letzte Raum nicht schrecken

So lasst uns Brüder unseren Stein behauen
und damit Räume, Stufen schaffen,
lasst uns damit den Tempel bauen
und lasst uns dabei nie erschlaffen.
Teilt dabei Zeit mit Weisheit ein,
und lebt den eigenen Moment.
Gar schnell erlischt des Lebens Schein.

Im letzten Raum versiegt dein Klagen,
weil neues Licht für dich erglüht,
lass´ dich in diesem Licht dann sagen:
Ich bin zufrieden, ich habe mich bemüht.   **... Ende**

Lüneburg, August 2011

*Bisher nicht vorgetragen, sollen diese Verse für meine Brüder
am Ende dieser Sammlung stehen.*

Noch einmal zur Eingangsfrage im Vorwort:
Was bewog Dich....?

Hierzu erlaube ich mir - der besonderen Sprache wegen -
zum Schluss einige Worte aus

*„ Maurerischer Sylvester-Almanach der Loge
zu den drey Schwerdtern und wahren Freunden
im Orient von Dresden"*

aus dem Jahre 1815 auszugsweise zu zitieren mit der Bitte,
den Sinn der Ausführungen auf die vorliegende Sammlung zu
übertragen.

„Da das mächtige Vehikel des Drucks zur Kultur der
Europäischen Welt so viel beigegetragen hat, warum sollte es
zögern, die edlen Zwecke der Maurerei fördern zu helfen? "*

Und ich übernehme auch gerne zwei Wünsche:

Zum Einen ...
*„ ... den Wunsch, dass es zu Bereitung maurerischer
Genüsse geistiger Art den Brüdern gefallen möchte,
belehrende und unterhaltende Aufsätze, Dichtungen und
musikalische Kompositionen während der Arbeitspausen
vorzutragen, um wechselseitig die Stoffe der Unterhaltung
und Belehrung zu vermehren. "*

Und zum Anderen:
*„ Möchte dieser Versuch auch von den sehr ehrwürdigen
Brüdern fremder Oriente mit Wohlwollen aufgenommen
werden. "*

** setze heute hierfür:*
Digitales Druckverfahren, das die Veröffentlichung einer solchen
Sammlung heute kostengünstig ermöglicht.

Was ist Freimaurerei und Ritual? (in aller Kürze!)

Die Freimaurerei basiert auf der praktischen Arbeit in den Bauhütten des symbolträchtigen Mittelalters und beschreibt mit deren Symbolen und Gebräuchen - in den seit Anfang des 18. Jahrhunderts entstehenden nun geistig orientierten Logen - eine Lebensphilosophie für Menschen unterschiedlicher Herkunft, Rasse, Bildung und Weltanschauung. Wesen und Sinn dieses Lebensstils ist die Begegnung auf gleicher Ebene und freie Entfaltung der Persönlichkeit in einem Lehrgebäude der Toleranz, des Vertrauens und Sittlichkeit in Achtung vor der Schöpfung. Freimaurer bauen symbolisch den idealistischen „ Tempel der Humanität" und versuchen, dies in ihrem praktischen Alltagsleben umzusetzen.

Und das Geheimnis - die Wahrheit ?

Wo liegt die Wahrheit der Freimaurerei?

Der Nichteingeweihte (Profane) wird sie nicht erfahren, weil sie nicht beschreibbar, rational nicht erfassbar und auf sich allein gestellt – ohne eine Bruderschaft - nicht erfahrbar ist. Das Geheimnis ist die er-/gelebte Maurerei. Zu diesem Erleben gehören wenige Symbole und Gebräuche innerhalb der althergebrachten, rituellen Arbeit, über die Verschwiegenheit geübt wird.

Für den Profanen, der sich nun unberechtigt Zugang zu einer freimaurerische Arbeit verschaffen würde, der - **wie der Jüngling zu Sais** *-* den Schleier des Geheimnisses selbständig und unberechtigt heben würde, wäre das Erlebte lediglich ein feierähnlicher Ablauf mit Kerzen und unvertrauten Redewendungen; kurz, ein für ihn unverständliches, inhaltloses Schauspiel. Ihm bliebe schließlich nur Enttäuschung, vielleicht sogar der Verlust seiner Fähigkeit, Erhabenes zu empfinden oder zu erfahren, weil er durch sein Handeln alles Allegorische, Symbolische für sich „profaniert" hätte, gleich dem Jüngling zu Sais, den Schiller zum Schluß sagen läßt: „ ....dies war sein warnungsvolles Wort, ...   Weh dem, der zu der Wahrheit geht durch Schuld, sie wird ihm nimmermehr erfreulich sein. "*

** „Das verschleierte Bild zu Sais"   Ballade von Friedrich Schiller*

Weiterführende Gedanken zu diesem Thema siehe:
Alfried Lehner , "Esoterik der Freimaurer"   ISBN 3-87354-188-2

Autorenverzeichnis

Zitatenverzeichnis

FSC
www.fsc.org
MIX
Papier aus ver-
antwortungsvollen
Quellen
Paper from
responsible sources
FSC® C105338